TUCK STITCH

ナンシー・マーチャントの
引き上げ編み

表も裏も模様を楽しむ
97のパターンとアイディア

ナンシー・マーチャント 著 ／ 西村知子 監修

誠文堂新光社

Introduction

I have often walked into a shop, found a scarf or cowl worked in an interesting knitted stitch, and then tried to break down and deconstruct the stitch in my head. Quite often, I was humbled by the fact that I could not figure out how to recreate most of these stitches – that is until I expanded my exploration of the brioche stitch. The brioche stitch is one member of the family of knitting stitches known as tuck stitches.

In this book, I will try and introduce you to this little-known technique of creating tuck stitches. These are sophisticated stitches whose construction is quite simple yet appears quite complex.

Hopefully this small fragment of tuck stitches will stimulate your creative intuition. The design possibilities of these stitches is endless. Once you have the basic stitch down, you might try using different yarns together, using two different needle sizes, switching the color arrangement or adding more colors. Just playing with yarn and needles and having fun.

And perhaps, the next time you are in a shop and find an interesting knitted stitch, you will be able to recognize and decipher it as a tuck stitch.

Nancy Marchant

はじめに

店先でよくマフラーやネックウォーマーが面白い模様で編まれているのを見かけると、ついつい頭の中で編み方を解き明かそうとしていましたが、なかなか解明できずに気落ちすることがありました。これはブリオッシュ編みを探究し始める前のことです。ブリオッシュ編みはタックステッチファミリーの一員、つまり引き上げ編みの一種です。

本書では、あまり知られていない引き上げ編みの模様を作り出すためのテクニックをご紹介します。一見、高度に見える模様編みですが、模様の構成は比較的シンプルです。

本書で引き上げ編みの世界を垣間見ることで、皆さまの創造的直感を刺激することになれば幸いです。引き上げ編みによるデザインの可能性は無限に広がっていきます。基本を習得すれば、あとは異なる糸を合わせたり、異なる号数の針を2種類使ったり、色の配置を変えたり、色を追加したり、糸と針で楽しく遊んでみてください。

そして、店先で面白い編み地を見つけることがあれば、引き上げ編みであるか否かを判別し、編み地を読み解けるようになるかもしれません。

ナンシー・マーチャント

Contents

はじめに	3
引き上げ編みの魅力	6
引き上げ編みの編み方	7

Stitchionary　模様集

編み始める前に		24
模様集の見かた		25
Single Tuck Stitch	シングル・タック・ステッチ	26
Double Tuck Stitch	ダブル・タック・ステッチ	52
Triple Tuck Stitch	トリプル・タック・ステッチ	74
Quadruple Tuck Stitch	クアドループル・タック・ステッチ	100
Combination Tuck Stitch	コンビネーション・タック・ステッチ	115
Variation Tuck Stitch	バリエーション・タック・ステッチ	126
Extreme Tuck Stitch	エクストリーム・タック・ステッチ	132

Projects　作品集

Chain Mail	チェーンメール	136
Aimée	エミー	140
Aix	エックス	144
Powderpuff	パウダーパフ	148
Sprig	スプリグ	152
Persimmon	パーシモン	156
Plovers	チドリ	160
Retro Check	レトロチェック	164

Appendix　応用編

往復編みの編み図を輪編みに変換する	172
2色使いを単色に変換する	173
オリジナルの引き上げ模様を作る	174
あとからほどく引き上げ目で編む	175

引き上げ編みの魅力

　手編みで編んだ初めての引き上げ編みはブリオッシュ編みでした。このリブ編み状の編み地がすべての始まりだったのです。

　私は何年も機械編みをしてきましたが、編み機で編む引き上げ編みに全く魅力を感じず、むしろ古臭ささえ覚えていました。恐らく、編み機の説明書に載っていた引き上げ編みの編み地見本が単色だったので、そのような印象を抱いてしまったのでしょう。

　ブリオッシュ編みを手で編み進める中で、編み目を次の段で再びすべらせ、かけ目を2つ、さらには3つ重ねるとどうなるかを模索し始めました。そして、自分が試している編み目は、かつて機械編みで全く魅力を感じなかった引き上げ編みであることに気が付きました。アイディアを求めて機械編みの模様集をむさぼるように探しましたが、ほとんど収穫は得られず、相変わらず魅力は見出せませんでした。

　ところが、手編みで2色めを加えて、初めて面白さを感じるようになったのです。

　ハイエンドの編み機は個々の編み目のテンション調節が可能なので、目と目の間を渡る糸の長さを調整しながら完璧なテンションで編めます。

　人の手はこのような調整機能を持ち合わせていないので、編み地のムラが目立ちやすくなります。

　しかし、完璧さに欠けるからこそ私たちの手仕事から生まれる編み地が味わい深くなるのです。

　模様集では、1〜4段の引き上げ目の間に表目や裏目を縦横それぞれに加えた模様をご紹介します。段数が異なる引き上げ編みを組み合わせて配色を工夫しました。

　引き上げ編みにはまだまだ多くの可能性が残されています。巻末では、引き上げ編みを使ったオリジナル模様を作り出すヒントをご提案しています。引き上げ編みを少し試してみると、その奥深さに魅了されることでしょう。

引き上げ編みの編み方

　私はこれまで、ブリオッシュ編みを2色使いにしたり、増減目を加えたりして、新しいかたちで提案してきました。

　このブリオッシュ編みは引き上げ編みの一種で、編み地全体が1段の引き上げ編み（シングル・タック・ステッチ）で構成されています。1段の引き上げ編みでは、すべり目と同時にかけ目（sl1yo）をし、次の段でその2本を一緒に1目として表目（brk）、または裏目（brp）を編みますが、編まずにさらにかけ目をかけることができます。既にかけ目が1つかかった目に2つめのかけ目（sl1^{1}yo）、かけ目が2つかかった目に3つめ（sl1^{2}yo）、さらに4つめのかけ目（sl1^{3}yo）をかけることもできます。最終的には最初のすべり目と、それにかかったかけ目をすべてまとめて表目、または裏目を編むことで引き上げ目が完成します。

　この引き上げ目の間に表目や裏目を入れたり、引き上げる段数を変えたり、その組み合わせ方や配色を変えることで、まったく異なる模様を作り出すことができます。

引き上げ編みの流れ

2段の引き上げ目（sl1^{1}yo）を例に流れを確認しましょう。かけ目の数が増えてもこの流れは変わりません。

1　すべり目と同時にかけ目をする（sl1yo）
目をすべらすと同時に糸をかけて、次の目を編みます。

2　かけ目の数を増やす
後続の段ですべり目にかけ目がかかった目に、さらにかけ目をかけます。

3　すべり目＋かけ目を表目、または裏目で編む
すべり目にかけ目がいくつ重なっても1目として表目、または裏目で編みます。

4　できあがり
2段の引き上げ目（sl1^{1}yo）ができました。

Cast On
作り目

引き上げ編みにはどのような作り目を使っても構いません。ただ、編み目が圧縮されている分、ゲージが変動する場合がありますので、作り目を緩めたり、きつくしたり調整できる作り目をおすすめします。ここではふたつの方法をご紹介します。

Italian Cast On
1目ゴム編みの作り目

伸縮性があり、リブ編み状の編み地に適しています。ねじれやすい作り目なので、棒針を使いましょう。ここではLC（明るい方の色の糸）とDC（暗い方の色の糸）の2色で作る場合をご紹介します。表目になる糸は人差し指に、裏目になる糸は親指にかけましょう。

※1色で作る場合は、編み地幅の3～4倍程度の糸端を残して、短い方を親指に、長い方を人差し指にかけて2色の場合と同様に作ります。

1 2本の糸を一緒に、わを残してひと結びし、結び目を針の上に乗せます（わは編み地をある程度編み進めたらほどきます）。

2 右手の人差し指で結び目を押さえます。左手の人差し指にLC、親指にDCをかけてV字に広げ、針先を矢印のように動かします。

DCの上を通ってから下へ移動し、

LCを上から引っかき出すように、

DCの下を通って引き上げます。

3 1目め（LCの表目）ができました。続けて針先を矢印のようにLCとDCの向こう側から手前に動かします。

針の後ろ側でDCを押し出し、LCをかけないように引き上げます。

4 2目め（DCの裏目）ができました。2～3をくり返して表目と裏目を交互に作ります。

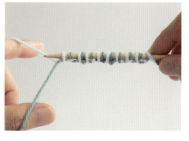

5 最後のLCの表目が作り終わりました。

6 DCを左手でもち、最後の目を針から一旦外します。

方向を変えて巻き目にして針に戻します。

7 LCを下に引き、針にかかった糸を引き締めます。こうすると目がほどけにくくなります。

 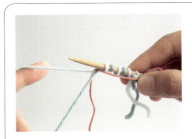 

8 作り目ができました。

ライフラインの活用

Italian Cast Onで作り目の目数が多い、または輪針を使って編む場合は、ライフラインとして別糸を5目ごとに入れておきましょう。目数が数えやすくなるだけでなく、作り目を作り終わったあとにライフラインの両端を引っ張ると、編み目が針の上できれいに整います。

Two Color Long Tail Cast On
2色で指でかけて作る作り目

一般的な作り目を2色で作ります。ここでは親指にLC、人差し指にDCをかけます。針にできる目はすべてDC、編み目の下のループはLCになります。このループを緩めたりきつくしたりすることで作り目を調整できます。

1 LCとDCをわを残してひと結びし、わを針に通します。左手の親指にLC、人差し指にDCをかけ、針先を矢印のように動かします。

2 1目できました。

3 続けて4目作りました。作られた目はDC、針の下のループはLCになります。

sl1yo
slip 1 yarn over
すべり目＋かけ目

引き上げ編みで基本となる動作です。すべり目にかけ目を重ねる動作は、表編みの段、裏編みの段どちらを編むか、糸を左手、右手どちらに持つかに関わらず、**糸を手前に置いてから編み目を右針にすべらせ、糸を向こう側に向かってかけ**ます。

表編みの段で編む

表目を編み終えると糸は編み地の向こう側にあります。sl1yoを編む前に糸を手前に移してから、左針にある目を右針にすべらせると同時に糸を手前から向こう側に向かってかけます。

糸を左手で持つ（フランス式）

針先を使って向こう側にある糸を手前に移せるので、比較的早く編めます。

1 糸を手前に移し、目を右針に移す（すべり目）と同時にかけ目をします。かけ目がすべり目の上を覆います。

2 sl1yoができました。かけ目が落ちないように指でおさえておきましょう。

3 指でおさえたまま、次の表目を編みます。ここではbrk（表引き上げ目）を編みました。

糸を右手で持つ（アメリカ式）

手で糸を手前に移してから、表目を編みながら針に糸をかけて編みます。

1 向こう側にある糸を手前に移動します。

2 目を右針に移し（すべり目）ます。

3 次に編む表目（ここではbrk）に針を入れると同時に、糸はすべり目の上を向こう側に向かってかけ、表目を編みます。

裏編みの段で編む

裏目を編み終えると糸は手前にあります。左針にある目を右針にすべらすと同時に、糸を向こう側に向かってかけます。

糸を左手で持つ（フランス式）

目に右針を入れると同時に、糸を向こう側に向かってかけます。

1 裏目を編んだあと、糸はすでに手前にあります。

2 目を右針に移す（すべり目）と同時にかけ目をします。かけ目がすべり目の上を覆います。

3 sl1yoができました。かけ目が落ちないように指でおさえておきましょう。

糸を右手で持つ（アメリカ式）

目を右針に移してから、糸を向こう側に向かってかけます。

1 裏目を編んだあと、糸はすでに手前にあります。

2 目を右針に移し（すべり目）ます。

3 すべらせた目の上に向こう側に向かって糸をかけ、再び手前に移します。sl1yoができました。

sl1yoにかける かけ目を増やす

sl1yoでは、すべり目に1つのかけ目をしましたが、後続の段でかけ目の数を増やすことができます。かけ目の数が多くなるほど、編み地の厚さが増します。$sl1^2yo$とsl2yo、$sl1^3yo$とsl3yoなど、酷似した略語がありますので、よく確認しましょう。

$sl1^1yo$

1 $sl1^1yo$の手前まで編みました。すでにすべり目の上にかけ目がかかっています。

2 $sl1^1yo$の目に裏目を編むように右針を入れ、2つめのかけ目をします。

3 $sl1^1yo$ができました。すべり目の上に2つのかけ目がかかります。

4 ここでは$sl1^1yo$のあとに裏目を3目編みました。

$sl1^2yo$

すべり目にかけ目が2つかかった目($sl1^1yo$)に3つめのかけ目をします。ここでは表目の段で編みました。

$sl1^3yo$

すべり目にかけ目が3つかかった目($sl1^2yo$)に4つめのかけ目をします。ここでは裏目の段で編みました。

$sl1^4yo$

すべり目にかけ目が4つかかった目($sl1^3yo$)に5つめのかけ目をします。ここでは表目の段で編みました。

$sl1^5yo$

すべり目にかけ目が5つかかった目($sl1^4yo$)に6つめのかけ目をします。ここでは裏目の段で編みました。

$sl1^6yo$

すべり目にかけ目が6つかかった目($sl1^5yo$)に7つめのかけ目をします。ここでは表目の段で編みました。

$sl1^7yo$

すべり目にかけ目が7つかかった目($sl1^6yo$)に8つめのかけ目をします。ここでは裏目の段で編みました。

sl2yo

1 2目一緒に裏目を編むように右針を入れます。

2 右針に移し、両方の目にかかるようにかけ目をします。

3 すべり目2目の上に1つのかけ目がかかります。ここではsl2yoのあとに表目を編みました。

sl2^{1}yo

すべり目2目にかけ目がかかった目（sl2yo）に2つ目のかけ目をします。ここでは裏目の段で編みました。

sl2^{2}yo

すべり目2目にかけ目が2つかかった目（sl2^{1}yo）に3つ目のかけ目をします。ここでは表目の段で編みました。

sl3yo

sl2yoと同様に3目一緒に裏目を編むように右針を入れ、3目にかかるようにかけ目をします。ここでは表目の段で編みました。

sl3^{1}yo

すべり目3目にかけ目がかかった目（sl3yo）に2つ目のかけ目をします。ここでは裏目の段で編みました。

sl3^{2}yo

すべり目3目にかけ目が2つかかった目（sl3^{1}yo）に3つ目のかけ目をします。ここでは表目の段で編みました。

sl2yo、sl3yoのもうひとつの編み方
すべり目に1目ずつかけ目をしても同様に編めます。どちらでもお好みの方法で編んでください。

brk
brioche knit
表引き上げ目

前段で編んだ、すべり目にかけ目がかかった目を1目として表目を編みます。かけ目とすべり目を個別に数えることはありません。かけ目の数が増えると一番下にあるすべり目を落としやすくなるので、きちんと拾っていることを確認しましょう。ここではそれぞれの目のあとに、表目、もしくは裏目を3目編みました。

brk1（1段の表引き上げ目）

1 すべり目に1つのかけ目がかかっています。

2 すべり目とかけ目を1目として表目を編みます。

3 brk1ができました。

メリヤス編みの編み地の中にかけ目が1つかかった目をbrkしました。

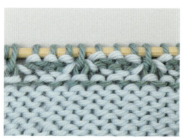

裏メリヤス編みの中にかけ目が1つかかった目をbrkしました。

brk1^2（2段の表引き上げ目）

すべり目にかけ目が2つかかった目（sl1^{1}yo）を表目で編みます。

メリヤス編み地

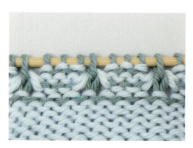

裏メリヤス編み地

brk1³（3段の表引き上げ目）

すべり目にかけ目が3つかかった目（sl1²yo）を表目で編みます。

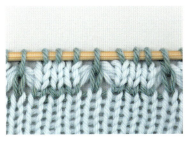

メリヤス編み地

裏メリヤス編み地

brk1⁴（4段の表引き上げ目）

すべり目にかけ目が4つかかった目（sl1³yo）を表目で編みます。

メリヤス編み地

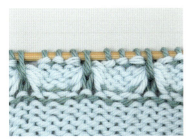

裏メリヤス編み地

brk1⁶（6段の表引き上げ目）

すべり目にかけ目が6つかかった目（sl1⁵yo）を表目で編みます。

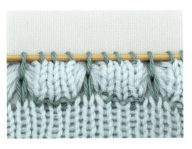

メリヤス編み地

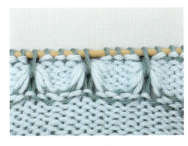

裏メリヤス編み地

brk1⁸（8段の表引き上げ目）

すべり目にかけ目が8つかかった目（sl1⁷yo）を表目で編みます。

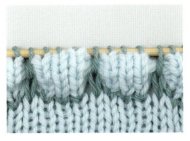

メリヤス編み地

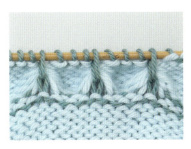

裏メリヤス編み地

brk2（1段の表引き上げ目を2目編む）

かけ目がかかったすべり目2目をそれぞれ表目で編みます。

メリヤス編み地

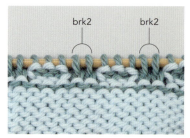
裏メリヤス編み地

brk2³（3段の表引き上げ目を2目編む）

かけ目が3つかかったすべり目2目をそれぞれ表目で編みます。

メリヤス編み地

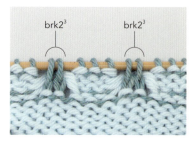
裏メリヤス編み地

brk3（1段の表引き上げ目を3目編む）

かけ目が1つかかったすべり目3目をそれぞれかけ表目で編みます。

メリヤス編み地

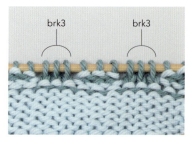
裏メリヤス編み地

brk3³（3段の表引き上げ目を3目編む）

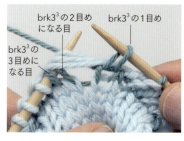
かけ目が3つかかったすべり目3目をそれぞれ表目で編みます。

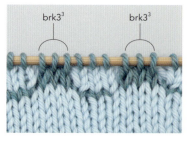
メリヤス編み地

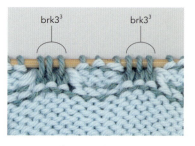
裏メリヤス編み地

brp
brioche purl
裏引き上げ目

前段で編んだ、すべり目にかけ目がかかった目を1目として裏目を編みます。brkと同様に、かけ目の数が増えたときに一番下にあるすべり目を落とさないように気を付けましょう。
ここではそれぞれの目のあとに表目、もしくは裏目を3目編みました。

brp1（1段の裏引き上げ目）

1 すべり目に1つのかけ目がかかっています。

2 すべり目とかけ目を1目として裏目を編みます。

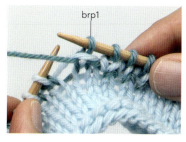
3 brp1ができました。

メリヤス編みの編み地の中にかけ目が1つかかった目をbrpしました。

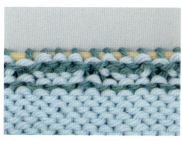
裏メリヤス編みの中にかけ目が1つかかった目をbrpしました。

brp1^2（2段の裏引き上げ目）

すべり目にかけ目が2つかかった目（sl1^{1}yo）を裏目で編みます。

メリヤス編み地

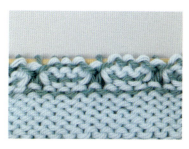
裏メリヤス編み地

brp1³（3段の裏引き上げ目）

すべり目にかけ目が3つかかった目（sl1²yo）を裏目で編みます。

メリヤス編み地

裏メリヤス編み地

brp1⁴（4段の裏引き上げ目）

すべり目にかけ目が4つかかった目（sl1³yo）を裏目で編みます。

メリヤス編み地

裏メリヤス編み地

brp1⁶（6段の裏引き上げ目）

すべり目にかけ目が6つかかった目（sl1⁵yo）を裏目で編みます。

メリヤス編み地

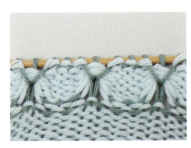

裏メリヤス編み地

brp1⁸（8段の裏引き上げ目）

すべり目にかけ目が8つかかった目（sl1⁷yo）を裏目で編みます。

メリヤス編み地

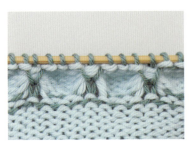

裏メリヤス編み地

brp2（1段の裏引き上げ目を2目編む）

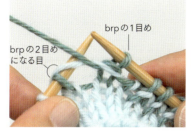
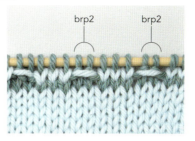
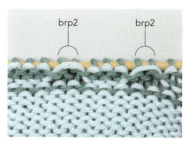

かけ目がかかったすべり目2目をそれぞれ裏目で編みます。　　メリヤス編み地　　裏メリヤス編み地

brp2³（3段の裏引き上げ目を2目編む）

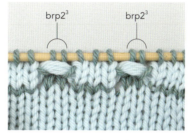
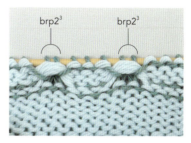

かけ目が3つかかったすべり目2目をそれぞれ裏目で編みます。　　メリヤス編み地　　裏メリヤス編み地

brp3（1段の裏引き上げ目を3目編む）

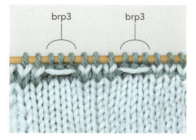
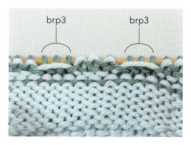

かけ目が1つかかったすべり目3目をそれぞれ裏目で編みます。　　メリヤス編み地　　裏メリヤス編み地

brp3³（3段の裏引き上げ目を3目編む）

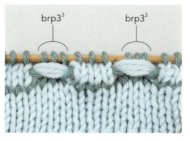
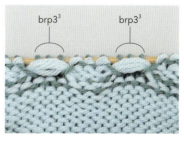

かけ目が3つかかったすべり目3目をそれぞれ裏目で編みます。　　メリヤス編み地　　裏メリヤス編み地

Bind Off
止め

Italian Bind Off（1目ゴム編み止め）とStem Stitch Bind Off（変わり巻止め）の2種類の方法をご紹介します。Italian Cast On（P.8）で作り目を作った場合はItalian Bind Offで、Two Color Long Tail Cast On（P.9）で作り目を作った場合はStem Stitch Bind Offで止めましょう。

Italian Bind Off
1目ゴム編み止め

Italian Cast Onの作り目に合う止め方です。2色のうちの1本、一般的にはLCを使って目を止めます。DCは絡まないように切って糸始末をしておきます。
＊ここでは見やすいように糸の色を変えています。

1 LCを止める部分の仕上り寸法の約4倍の長さに切り、とじ針に通します。裏目を編むように端目に入れ、糸を引き出します。

2 1目めの後ろから2目めの裏目との間に針を出して引きます。

3 2目めに表目を編むように針を入れて引きます。

4 1目めに表目を編むように針を入れ、目を棒針から落とします。

5 3目め（かけ目とすべり目は1目として扱う）に裏目を編むように針を入れて引きます。

6 最初の裏目に再び裏目を編むように針を入れて目は棒針から外し、次の表目の後ろ側から次の裏目との間に針先を出して引きます。

7 3〜6をくり返します。最後の目に裏目を編むように針を入れたところ。

8 裏目を編むようにとじ針を最後の2目に入れて編み針から落とし、糸を引きます。

9 Italian Bind Offができました。

Stem Stitch Bind Off
変わり巻止め

この方法を用いると、Two Color Long Tail Cast Onに近い表情の止めができます。Italian Bind offと同様にLCを使って止めます。
＊ここでは見やすいように糸の色を変えています。

1　LCを止める部分の仕上り寸法の約3倍の長さに切り、とじ針に通します。2目めに表目を編むようにとじ針を入れ、後ろ側に引き出します。

2　1目めの後ろから手前に針を出して引きます。

3　1で渡った糸の下から針先を出し、1目めは棒針から落とします。

4　2目めに表目を編むように針を入れて引きます。

5　2〜4をくり返します。

6　最後の目にはもう一度後ろ側から針を入れて引き出しておきます。

7　Stem Stitch Bind Offができました。

Stitchionary
模様集

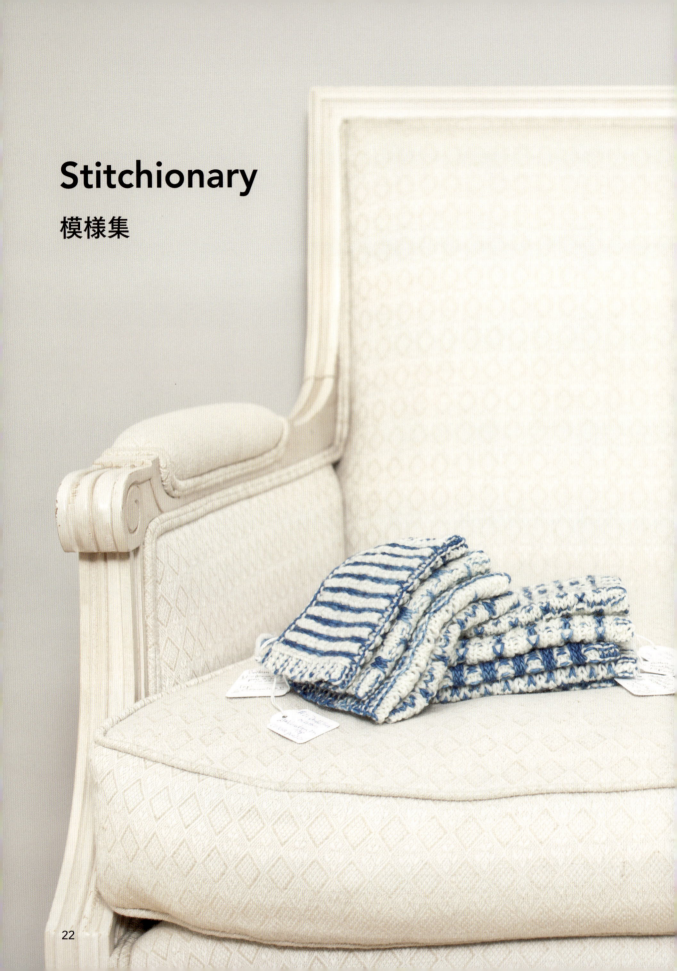

編み始める前に

ここでは、編み始める前におさえておきたいポイントを紹介します。
確認してから作品作りにとりかかりましょう。

1. 略語、編み目記号について

使用されている略語、編み目記号を把握しておきましょう。わからなくなったら、P.10〜21、または巻末の一覧表を参照しながら編んでください。

2. 道具について

針

編み地を返さず、同じ面を2段続けて編む場合があるので、輪針、または両先が尖った針を使用します。1段編み終えたら、反対側の針先まで編み目をスライドして次の段で使う色の糸で編むことができます。また、サイズは海外の規格で表記しているため、日本の号数とミリ数が合わない場合があります。目安として参照してください。

マーカー

編み地は表側（RS）だけではなく、裏側（WS）も美しく仕上がるので、どちらを表側として使っても楽しめます。中にはどちらの面も同じ表情に仕上がるものがあるので、どちらの面を編んでいるのか混乱しやすくなります。表側（RS）にマーカーをつけておくことをおすすめします。

3. ゲージについて

引き上げ編みをすることは編み地を圧縮することになりますので、通常とは異なるゲージになります。例えば、Sprig（P.152）のゲージは、10cm四方で、横は±17.5目ですが、縦は40段になります。引き上げる段数が多くなるほど、編み地は圧縮されます。

4. 糸の渡し方

糸を編み地の端に沿って渡す場合、次に編む色は手前、編み終わった色の糸は向こう側に置いて替えます。替え方を統一しておきましょう。

5. 端目について

リブ編み状の編み地は平らに落ち着きますが、メリヤス編み状の編み地は、上下左右ともに丸まりやすくなります。平らに落ち着かせたい場合は、端にゴム編みやガーター編みを入れるなどして、工夫しましょう。また、端目を設けることが望ましい模様があります。例えば、55（トリプル・タック・ステッチ、P.88）でスカーフを作る場合、左に端目を3目加えることで左右対称の編み地になります。

6. 試し編み

実際に作品を編み始める前に、別糸で練習しましょう。よりきれいな仕上がりになります。

....

編んでいる段がわからなくなったら

編み進めていると、どこを編んでいるのか、わからなくなることがあります。以下のポイントを参照して判断してください。
・マーカーが付いている面を確認する
・最後に編んだ糸がどこにあるか確認する
・最後に編んだ糸の色をどのように編んだのか、編み目を確認する
・すべり目に重なっているかけ目の数を確認する
・針にかかっている目を確認する
　（編み目がすべて1本であれば、最後に編んだ段はk、p、brk、brpだけであり、sl1yoがないことがわかります）
・編み地を文章、または編み図と見比べる

模様集の見かた

本書では編み方を文章と編み図の両方で紹介しています。それぞれ基本的な略語、編み目記号は、著者が考案した本書特有のものが出てきます。P.10〜21、または巻末の一覧表を参照しながら編んでください。

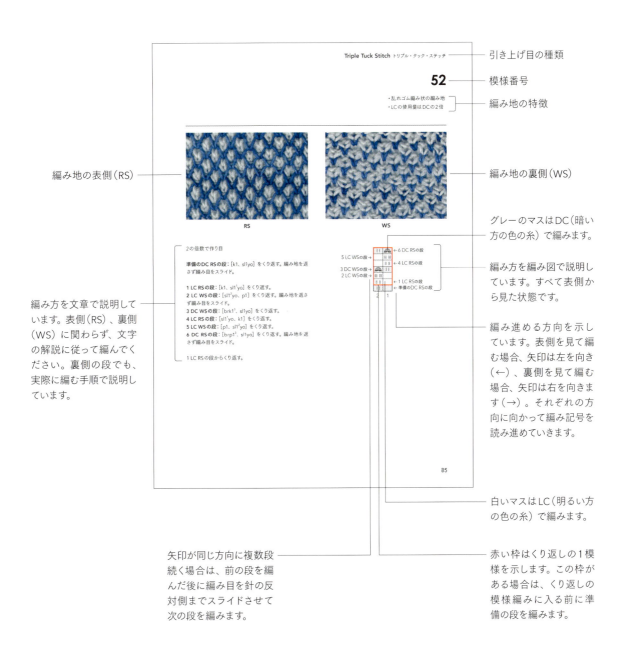

＊模様集で使用している糸は、まだらな色が特徴的なMalabrigoのMechitaです。
　シングルプライの糸を使うと模様編みの模様が鮮明に見えます。
＊針は主に3.75mmのものを使いましたが、3.25mmのものを使ったものもあります。

Single Tuck Stitch

シングル・タック・ステッチ

01　ブリオッシュ編み

・ゴム編み状の編み地
・LCとDCの使用量は同等

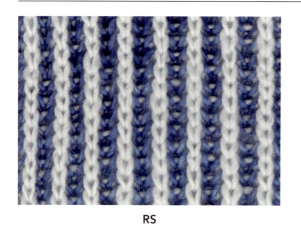

RS

WS

2の倍数で作り目

準備のDC WSの段：[k1、sl1yo] をくり返す。

1 LC RSの段：[brk1、sl1yo] をくり返す。編み地を返さず編み目をスライド。
2 DC RSの段：[sl1yo、brp1] をくり返す。
3 LC WSの段：[sl1yo、brp1] をくり返す。編み地を返さず編み目をスライド。
4 DC WSの段：[brk1、sl1yo] をくり返す。

1 LC RSの段からくり返す。

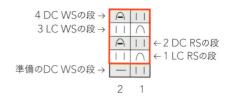

26

Swatch

2色のブリオッシュ編みの試し編み

01（ブリオッシュ編み）の試し編みをして、引き上げ編みの編み方を確認しましょう。ここでは端目を編み地の表情に合わせるため、DCの段ですべり目をしました。

編み方

2色のItalian Cast On（P.8）、またはTwo color Long Tail Cast On（P.9）で、最初と最後の目がLCの表目になるように17目作ります。

準備のLC WSの段：p1、[sl1yo、p1]を段の最後までくり返す。編み地を返さず編み目をスライド。

準備のDC WSの段：sl1、[brk1、sl1yo]を段の最後に2目残るまでくり返し、brk1、DCを向こう側においたまま、sl1。

1 LC RSの段：k1、[sl1yo、brk1]を段の最後に2目残るまでくり返し、sl1yo、k1。編み地を返さず編み目をスライド。

2 DC RSの段：sl1、[brp1、sl1yo]を段の最後に2目残るまでくり返し、brp1、DCを手前においたまま、sl1。

3 LC WSの段：p1、[sl1yo、brp1]を段の最後に2目残るまでくり返し、sl1yo、p1。編み地を返さず編み目をスライド。

4 DC WSの段：sl1、[brk1、sl1yo]を段の最後に2目残るまでくり返し、brk1、DCを向こう側においたまま、sl1。

1 LC RSの段〜4 DC WSの段をあと5回くり返す。

最後はItalian Bind Off（P.20）、またはStem Stitch Bind Off（P.21）で止め、糸始末をします。

編み図

作り目をつくる

1 1目めと17目めがLCの表目になるように作り目を作ります（ここでは2色のItalian Cast Onで作りました）。

準備のLC WSの段を編む

2 LCを持ち、WSの面を編みます。1目めのp1を編みます。

3 2目めはsl1yoを編みます。裏目を編むように針を入れ（すべり目）、同時に糸をかけます（かけ目）。

4 sl1yoができました。

5 3目めはp1を編みます。

6 3〜5をくり返します。作り目の前に作った結び目は針から落としておきます。

準備のDC WSの段を編む

7 編み地の両端に糸があります。編み地を返さず、針の左側から右側へスライドさせます。

8 DCを持ち、WSの面を編みます。1目めのすべり目を編みます。

9 2目めはbrk1を編みます。前段のすべり目とかけ目（sl1yo）を一緒に表目で編みます。

10 3目めはsl1yoを編みます。DCを手前に移し、裏目を編むように針を入れると同時に糸をかけて右針に移します。

11 sl1yoができました。

12 9〜11をくり返し、最後の目はすべり目をします。このとき、DCは向こう側においたままにしておきます。

1LC RSの段を編む

13 編み地を返してLCを持ち、RSの面を編みます。1目めのk1を編みます。

14 糸を手前に移し、2目めのsl1yoを編みます。

15 3目めのbrk1は、前段で編んだすべり目とかけ目（sl1yo）を一緒に表目で編みます。

2 DC RSの段を編む

16 14〜15をくり返し、最後の目はk1を編みます。編み地を返さず、針の左側から右側へスライドさせます。

17 DCを手前においたまま、1目めのすべり目を編みます。

18 2目めはbrp1を編みます。すべり目とかけ目（sl1yo）を一緒に裏目で編みます。

19 3目めはsl1yoを編みます。

20 18〜19をくり返し、最後の目はすべり目をします。

21 2 DC RSの段が編み終わりました、編み地を返します。

3 LC WSの段を編む

22 1目めはp1、2目以降は18〜19を参照してsl1yo、brp1をくり返します。最後の目はp1を編みます。

23 3 LC WSの段が編み終わりました。編み地を返します。

4 DC WSの段を編む

24 8〜11を参照して編み進めます。24 DC WSの段まで編み、目を止め（ここではStem Stitch Bind Offで止めました）、糸始末します。

RS

WS

Single Tuck Stitch シングル・タック・ステッチ

02 リズミカルなブリオッシュ編み

・格子状の編み地
・LCとDCの使用量は同等

RS

WS

2の倍数で作り目

準備のDC WSの段：[k1、sl1yo] をくり返す。

1 LC RSの段：[brk1、sl1yo] をくり返す。編み地を返さず編み目をスライド。
2 DC RSの段：[sl1yo、brp1] をくり返す。
3 LC WSの段：[sl1yo、brp1] をくり返す。編み地を返さず編み目をスライド。
4 DC WSの段：[brk1、sl1yo] をくり返す。
5 LC RSの段：[brk1、sl1yo] をくり返す。編み地を返さず編み目をスライド。
6 DC RSの段：[sl1yo、brp1] をくり返す。
7 LC WSの段：[sl1yo、brp1] をくり返す。編み地を返さず編み目をスライド。
8 DC WSの段：[brk1、sl1yo] をくり返す。
9 LC RSの段：[brp1、sl1yo] をくり返す。編み地を返さず編み目をスライド。
10 DC RSの段：[sl1yo、brk1] をくり返す。
11 LC WSの段：[sl1yo、brk1] をくり返す。編み地を返さず編み目をスライド。
12 DC WSの段：[brp1、sl1yo] をくり返す。
13 LC RSの段：[brp1、sl1yo] をくり返す。編み地を返さず編み目をスライド。
14 DC RSの段：[sl1yo、brk1] をくり返す。
15 LC WSの段：[sl1yo、brk1] をくり返す。編み地を返さず編み目をスライド。

16 DC WSの段：[brp1、sl1yo] をくり返す。

1 LC RSの段からくり返す。

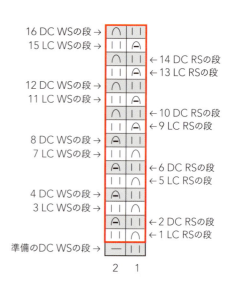

・ブリオッシュ編みは縦方向の表目部分と裏目部分を入れ替えることで、強弱のリズムを付けることができます。ここでは8段ごとに入れ替えましたが、4段ごと、または16段ごとに入れ替えてみてもよいでしょう。また、LCとDCを入れ替えても楽しめます。

Single Tuck Stitch シングル・タック・ステッチ

メリヤス編み状のブリオッシュ編み 03

・メリヤス編み状の編み地
・LCとDCの使用量は同等

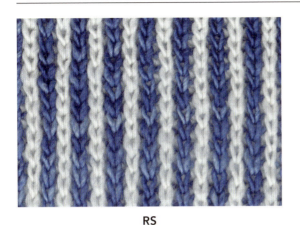

RS

WS

2の倍数で作り目

準備のDC WSの段：［p1、sl1yo］をくり返す。

1 LC RSの段：［brk1、sl1yo］をくり返す。編み地を返さず編み目をスライド。
2 DC RSの段：［sl1yo、brk1］をくり返す。
3 LC WSの段：［sl1yo、brp1］をくり返す。編み地を返さず編み目をスライド。
4 DC WSの段：［brp1、sl1yo］をくり返す。

1 LC RSの段からくり返す。

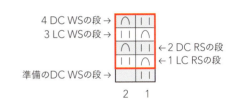

・メリヤス編み状の編み地はゴム編み状のものより薄手に仕上がります。
・段染め糸を2色使うと編み地の美しさが引き立ちます。

31

Single Tuck Stitch シングル・タック・ステッチ

04

・メリヤス編み状の編み地
・LCとDCの使用量は同等

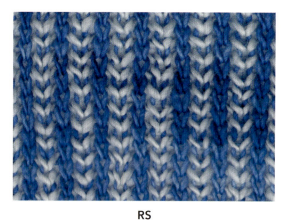
RS

WS

2の倍数で作り目

1 LC RSの段：[k1、sl1yo] をくり返す。編み地を返さず編み目をスライド。
2 DC RSの段：[k1、brk1] をくり返す。
3 LC WSの段：[sl1yo、p1] をくり返す。編み地を返さず編み目をスライド。
4 DC WSの段：[brp1、p1] をくり返す。

1 LC RSの段からくり返す。

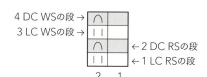

Single Tuck Stitch シングル・タック・ステッチ

05

- ゴム編み状の編み地
- LCとDCの使用量は同等

RS

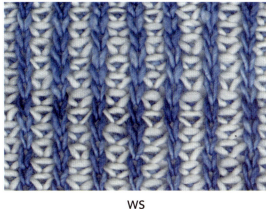
WS

2の倍数で作り目

1 LC RSの段：［k1、sl1yo］をくり返す。編み地を返さず編み目をスライド。
2 DC RSの段：［k1、brp1］をくり返す。
3 LC WSの段：［sl1yo、p1］をくり返す。編み地を返さず編み目をスライド。
4 DC WSの段：［brk1、p1］をくり返す。

1 LC RSの段からくり返す。

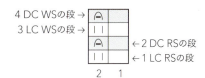

Single Tuck Stitch シングル・タック・ステッチ

06

・変わりゴム編み状の編み地
・LCとDCの使用量は同等
・07（P.35）の配色違い

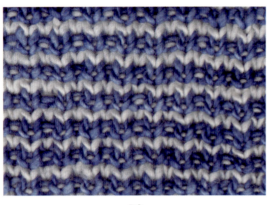
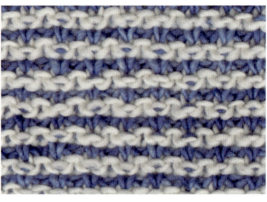

RS　　　　　　　　　　　　　　　　WS

2の倍数で作り目

1 LC RSの段：[k1、sl1yo] をくり返す。
2 LC WSの段：[brp1、p1] をくり返す。
3 DC RSの段：[k1、sl1yo] をくり返す。
4 DC WSの段：[brk1、p1] をくり返す。

1 LC RSの段からくり返す。

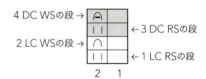

Single Tuck Stitch シングル・タック・ステッチ

07

- 格子状の編み地
- LCとDCの使用量は同等
- 06（P.34）の配色違い

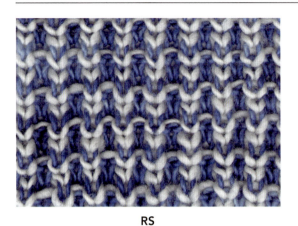

RS

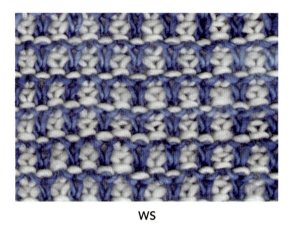

WS

2の倍数で作り目

1 LC RSの段：[k1、sl1yo] をくり返す。編み地を返さず編み目をスライド。
2 DC RSの段：[k1、brk1] をくり返す。
3 LC WSの段：[sl1yo、p1] をくり返す。編み地を返さず編み目をスライド。
4 DC WSの段：[brk1、p1] をくり返す。

1 LC RSの段からくり返す。

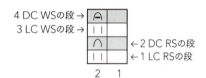

Single Tuck Stitch シングル・タック・ステッチ

08

・メリヤス編み状の編み地
・LCとDCの使用量は同等

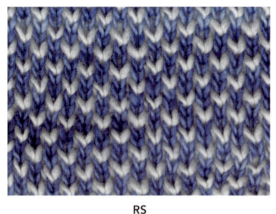
RS

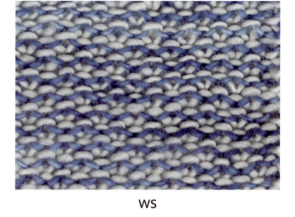
WS

2の倍数で作り目

1 LC RSの段：［k1、sl1yo］をくり返す。編み地を返さず編み目をスライド。
2 DC RSの段：［k1、brk1］をくり返す。
3 LC WSの段：［p1、sl1yo］をくり返す。編み地を返さず編み目をスライド。
4 DC WSの段：［p1、brp1］をくり返す。

1 LC RSの段からくり返す。

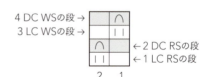

Single Tuck Stitch シングル・タック・ステッチ

09

・変わりゴム編みの編み地
・LCとDCの使用量は同等

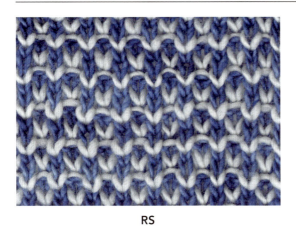

RS

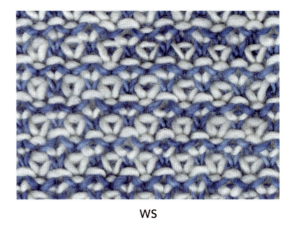

WS

2の倍数で作り目

1 LC RSの段：［k1、sl1yo］をくり返す。編み地を返さず編み目をスライド。
2 DC RSの段：［k1、brk1］をくり返す。
3 LC WSの段：［p1、sl1yo］をくり返す。編み地を返さず編み目をスライド。
4 DC WSの段：［p1、brk1］をくり返す。

1 LC RSの段からくり返す。

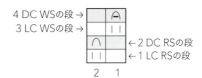

37

Aimée

Single Tuck Stitch シングル・タック・ステッチ

10

・かのこ編み状の編み地
・LCとDCの使用量は同等

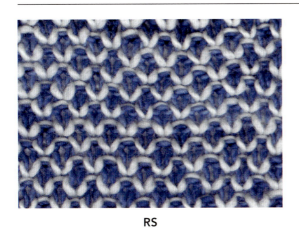 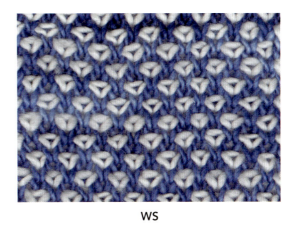

RS　　　　　　　　　　　　　　　WS

2の倍数で作り目

1 LC RSの段：［k1、sl1yo］をくり返す。編み地を返さず編み目をスライド。
2 DC RSの段：［k1、brp1］をくり返す。
3 LC WSの段：［p1、sl1yo］をくり返す。編み地を返さず編み目をスライド。
4 DC WSの段：［p1、brk1］をくり返す。

1 LC RSの段からくり返す。

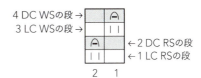

39

Single Tuck Stitch シングル・タック・ステッチ

11

・ゴム編み状の編み地
・LCとDCの使用量は同等

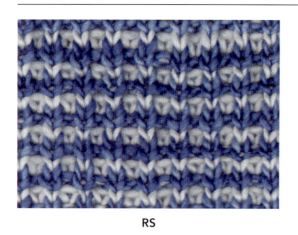
RS

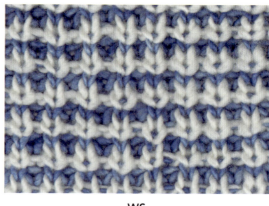
WS

2の倍数で作り目

1 LC RSの段：[p1、sl1yo] をくり返す。
2 LC WSの段：[brp1、k1] をくり返す。
3 DC RSの段：[sl1yo、k1] をくり返す。
4 DC WSの段：[p1、brk1] をくり返す。

1 LC RSの段からくり返す。

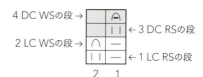

Single Tuck Stitch シングル・タック・ステッチ

12

- かのこ編み状の編み地
- LCとDCの使用量は同等

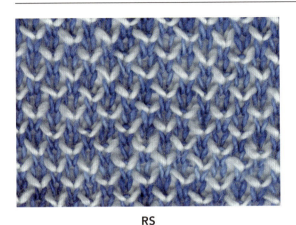
RS

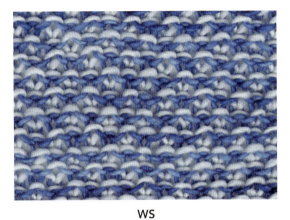
WS

2の倍数で作り目

1 LC RSの段：[p1、sl1yo] をくり返す。編み地を返さず編み目をスライド。
2 DC RSの段：[k1、brk1] をくり返す。
3 LC WSの段：[k1、sl1yo] をくり返す。編み地を返さず編み目をスライド。
4 DC WSの段：[p1、brp1] をくり返す。

1 LC RSの段からくり返す。

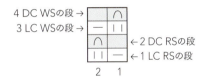

41

Single Tuck Stitch シングル・タック・ステッチ

13

・かのこ編み状の編み地
・LCの使用量はDCの2倍

RS

WS

2の倍数で作り目

1 LC RSの段：[k1、sl1yo] をくり返す。
2 LC WSの段：[brk1、p1] をくり返す。
3 DC RSの段： kで1段編む。編み地を返さず編み目をスライド。
4 LC RSの段：[k1、sl1yo] をくり返す。
5 LC WSの段：[brk1、p1] をくり返す。編み地を返さず編み目をスライド。
6 DC WSの段： pで1段編む。

1 LC RSの段からくり返す。

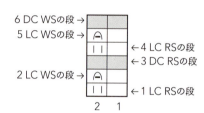

42

Single Tuck Stitch シングル・タック・ステッチ

14

- かのこ編み状の編み地
- LCとDCの使用量は同等

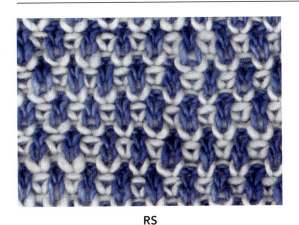
RS

WS

2の倍数で作り目

1 LC RSの段：[p1、sl1yo] をくり返す。編み地を返さず編み目をスライド。
2 DC RSの段：[p1、brk1] をくり返す。
3 LC WSの段：[sl1yo、p1] をくり返す。編み地を返さず編み目をスライド。
4 DC WSの段：[brk1、p1] をくり返す。
5 LC RSの段：[sl1yo、p1] をくり返す。編み地を返さず編み目をスライド。
6 DC RSの段：[brk1、p1] をくり返す。
7 LC WSの段：[p1、sl1yo] をくり返す。編み地を返さず編み目をスライド。
8 DC WSの段：[p1、brk1] をくり返す。

1 LC RSの段からくり返す。

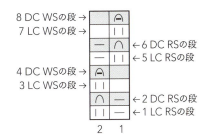

Retro Check

Single Tuck Stitch シングル・タック・ステッチ

15

- 3目と1目のゴム編み状の編み地
- LCとDCの使用量は同等

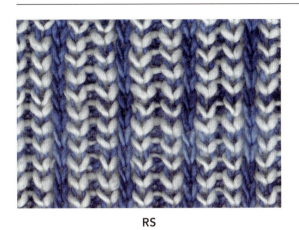

RS

WS

4の倍数で作り目

1 LC RSの段：[k1、sl1yo] をくり返す。編み地を返さず編み目をスライド。
2 DC RSの段：[k1、brp1、k1、brk1] をくり返す。
3 LC WSの段：[sl1yo、p1] をくり返す。編み地を返さず編み目をスライド。
4 DC WSの段：[brp1、p1、brk1、p1] をくり返す。

1 LC RSの段からくり返す。

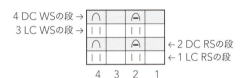

Single Tuck Stitch シングル・タック・ステッチ

16

・5目と1目のゴム編み状の編み地
・LCとDCの使用量は同等

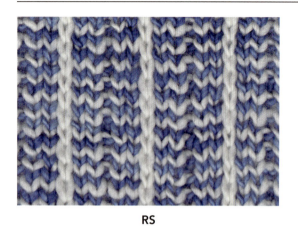

RS

WS

6の倍数で作り目

準備のDC RSの段：［sl1yo、k2、p1、k2］をくり返す。編み地を返さず編み目をスライド。

1 LC RSの段：［brk1、k2、sl1yo、k2］をくり返す。
2 DC WSの段：［p2、brk1、p2、sl1yo］をくり返す。編み地を返さず編み目をスライド。
3 LC WSの段：［p2、sl1yo、p2、brp1］をくり返す。
4 DC RSの段：［sl1yo、k2、brp1、k2］をくり返す。

1 LC RSの段からくり返す。

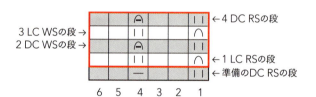

Single Tuck Stitch シングル・タック・ステッチ

17

・ゴム編み状の編み地
・LCの使用量はDCの3倍

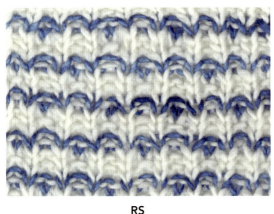

RS

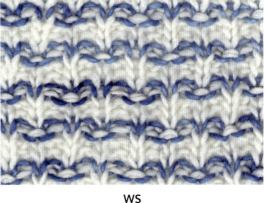

WS

4の倍数で作り目

1 LC RSの段：[k1、p1] をくり返す。
2 LC WSの段：[k1、p1] をくり返す。
3 LC RSの段：[k1、sl1yo、k1、p1] をくり返す。編み地を返さず編み目をスライド。
4 DC RSの段：[k1、brk1、k1、p1] をくり返す。
5 LC WSの段：[k1、p1] をくり返す。
6 LC RSの段：[k1、p1] をくり返す。
7 LC WSの段：[sl1yo、p1、k1、p1] をくり返す。編み地を返さず編み目をスライド。
8 DC WSの段：[brp1、p1、k1、p1] をくり返す。

1 LC RSの段からくり返す。

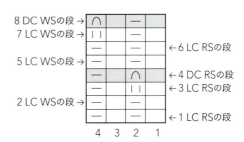

Chain Mail

Single Tuck Stitch シングル・タック・ステッチ

18

- 乱れゴム編み状の編み地
- LCとDCの使用量は同等
- どちらの面も同じ表情の編み地になる

RS

WS

6の倍数で作り目

1 LC RSの段：[p1、sl1yo、p1、k1、sl1yo、k1] をくり返す。編み地を返さず編み目をスライド。
2 DC RSの段：[p1、brk1、p1、k1、brp1、k1] をくり返す。
3 LC WSの段：[p1、sl1yo、p1、k1、sl1yo、k1] をくり返す。編み地を返さず編み目をスライド。
4 DC WSの段：[p1、brk1、p1、k1、brp1、k1] をくり返す。
5 LC RSの段 〜8 DC WSの段：1 LC RSの段〜4 DC WSの段をくり返す。
9 LC RSの段：[k1、sl1yo、k1、p1、sl1yo、p1] をくり返す。編み地を返さず編み目をスライド。
10 DC RSの段：[k1、brp1、k1、p1、brk1、p1] をくり返す。
11 LC WSの段：[k1、sl1yo、k1、p1、sl1yo、p1] をくり返す。編み地を返さず編み目をスライド。
12 DC WSの段：[k1、brp1、k1、p1、brk1、p1] をくり返す。
13 LC RSの段〜16 DC WSの段：9 LC RSの段〜12 DC WSの段をくり返す。

1 LC RSの段からくり返す。

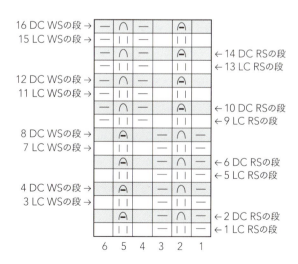

- この編み地はどちらの面も同じ表情に仕上がります。1〜4段め、9〜12段めをそれぞれ1回に減らして編むとできあがりの編み目が密に仕上がります。また、くり返しの回数を増やしても（1〜4段めは4回くり返し、9〜12段めは2回、または1回くり返す）よいでしょう。

49

Single Tuck Stitch シングル・タック・ステッチ

19

- 格子模様の編み地
- LCとDCの使用量は同等

RS

WS

4の倍数で作り目

1 LC RSの段：[k3、sl1yo] をくり返す。編み地を返さず編み目をスライド。
2 DC RSの段：[k3、brp1] をくり返す。
3 LC WSの段：[sl1yo、p3] をくり返す。編み地を返さず編み目をスライド。
4 DC WSの段：[brk1、p3] をくり返す。
5 LC RSの段：[k1、sl1yo、k2] をくり返す。編み地を返さず編み目をスライド。
6 DC RSの段：[k1、brp1、k2] をくり返す。
7 LC WSの段：[p2、sl1yo、p1] をくり返す。編み地を返さず編み目をスライド。
8 DC WSの段：[p2、brk1、p1] をくり返す。

1 LC RSの段からくり返す。

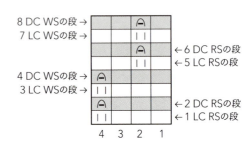

50

Single Tuck Stitch シングル・タック・ステッチ

20

・斜めに流れるリブ編み状の編み地
・LCとDCの使用量は同等

RS

WS

3の倍数で作り目

1 LC RSの段：［k2、sl1yo］をくり返す。編み地を返さず編み目をスライド。
2 DC RSの段：［k2、brp1］をくり返す。
3 LC WSの段：［p1、sl1yo、p1］をくり返す。編み地を返さず編み目をスライド。
4 DC WSの段：［p1、brk1、p1］をくり返す。
5 LC RSの段：［sl1yo、k2］をくり返す。編み地を返さず編み目をスライド。
6 DC RSの段：［brp1、k2］をくり返す。
7 LC WSの段：［sl1yo、p2］をくり返す。編み地を返さず編み目をスライド。
8 DC WSの段：［brk1、p2］をくり返す。
9 LC RSの段：［k1、sl1yo、k1］をくり返す。編み地を返さず編み目をスライド。
10 DC RSの段：［k1、brp1、k1］をくり返す。
11 LC WSの段：［p2、sl1yo］をくり返す。編み地を返さず編み目をスライド。
12 DC WSの段：［p2、brk1］をくり返す。

1 LC RSの段からくり返す。

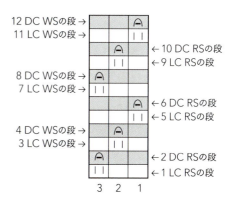

51

Double Tuck Stitch

21

ダブル・タック・ステッチ

- メリヤス編み状の編み地
- LCの使用量はDCの2倍

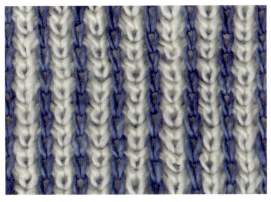

RS

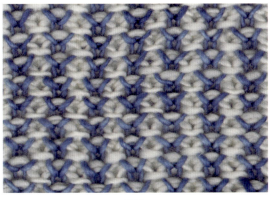

WS

2の倍数で作り目

1 LC RSの段：[k1、sl1yo] をくり返す。
2 LC WSの段：[sl1¹yo、p1] をくり返す。
3 DC RSの段：[k1、brk1²] をくり返す。編み地を返さず編み目をスライド。
4 LC RSの段：[k1、sl1yo] をくり返す。
5 LC WSの段：[sl1¹yo、p1] をくり返す。編み地を返さず編み目をスライド。
6 DC WSの段：[brp1²、p1] をくり返す。

1 LC RSの段からくり返す。

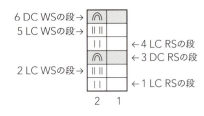

Double Tuck Stitch ダブル・タック・ステッチ

22

・ゴム編み状の編み地
・LCの使用量はDCの2倍
・23（P.55）の配色違い

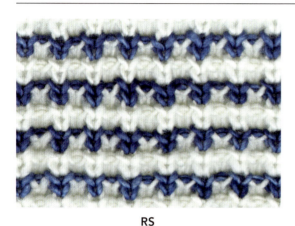

RS　　　　　　　　　　WS

2の倍数で作り目

1 DC RSの段：［k1、sl1yo］をくり返す。
2 DC WSの段：［sl1¹yo、p1］をくり返す。
3 LC RSの段：［k1、brp1²］をくり返す。
4 LC WSの段：［sl1yo、p1］をくり返す。
5 LC RSの段：［k1、sl1¹yo］をくり返す。
6 LC WSの段：［brk1²、p1］をくり返す。

1 DC RSの段からくり返す。

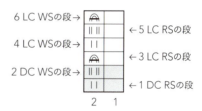

Aix

Double Tuck Stitch ダブル・タック・ステッチ

23

・ゴム編み状の編み地
・DCの使用量はLCの2倍
・22（P.53）の配色違い

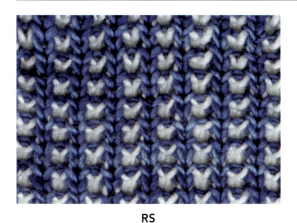

RS

WS

2の倍数で作り目

1 DC RSの段：[k1、sl1yo] をくり返す。
2 DC WSの段：[sl1¹yo、p1] をくり返す。
3 LC RSの段：[k1、brp1²] をくり返す。編み地を返さず編み目をスライド。
4 DC RSの段：[k1、sl1yo] をくり返す。
5 DC WSの段：[sl1¹yo、p1] をくり返す。編み地を返さず編み目をスライド。
6 LC WSの段：[brk1²、p1] をくり返す。

1 DC RSの段からくり返す。

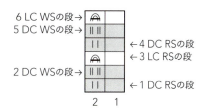

55

Double Tuck Stitch ダブル・タック・ステッチ

24

・メリヤス編み状の編み地
・LCとDCの使用量は同等

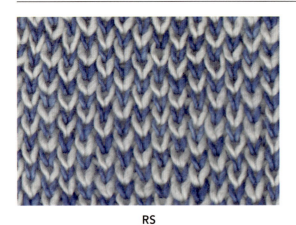

RS

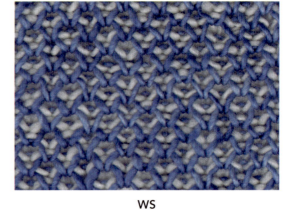

WS

2の倍数で作り目

準備のDC RSの段：[k1、sl1yo] をくり返す。編み地を返さず編み目をスライド。

1 LC RSの段：[k1、sl1^{1}yo] をくり返す。
2 DC WSの段：[brp1^2、sl1yo] をくり返す。編み地を返さず編み目をスライド。
3 LC WSの段：[p1、sl1^{1}yo] をくり返す。
4 DC RSの段：[brk1^2、sl1yo] をくり返す。編み地を返さず編み目をスライド。

1 LC RSの段からくり返す。

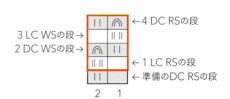

56

Double Tuck Stitch ダブル・タック・ステッチ

25

・かのこ編み状の編み地
・LCとDCの使用量は同等

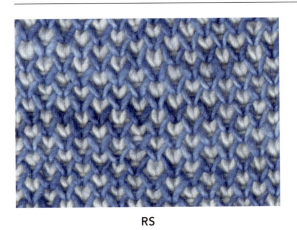
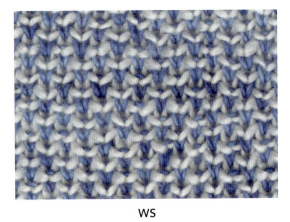

RS　　　　　　　　　　　　　WS

2の倍数で作り目

準備のDC RSの段：[k1、sl1yo]をくり返す。編み地を返さず編み目をスライド。

1 LC RSの段：[k1、sl1¹yo]をくり返す。
2 DC WSの段：[brk1²、sl1yo]をくり返す。編み地を返さず編み目をスライド。
3 LC WSの段：[p1、sl1¹yo]をくり返す。
4 DC RSの段：[brp1²、sl1yo]をくり返す。編み地を返さず編み目をスライド。

1 LC RSの段からくり返す。

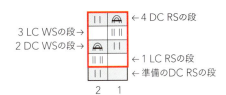

Double Tuck Stitch ダブル・タック・ステッチ

26

・かのこ編み状の編み地
・LCの使用量はDCの2倍
・27（P.59）の配色違い

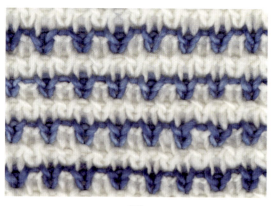

RS

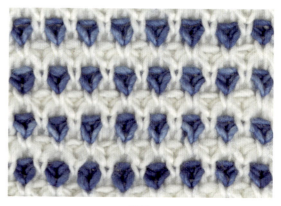

WS

2の倍数で作り目

1 DC RSの段：［sl1yo、k1］をくり返す。
2 DC WSの段：［p1、sl1¹yo］をくり返す。
3 LC RSの段：［brp1²、k1］をくり返す。
4 LC WSの段：［sl1yo、p1］をくり返す。
5 LC RSの段：［k1、sl1¹yo］をくり返す。
6 LC WSの段：［brk1²、p1］をくり返す。

1 DC RSの段からくり返す。

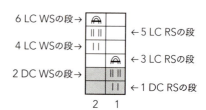

Double Tuck Stitch ダブル・タック・ステッチ

27

・かのこ編み状の編み地
・DCの使用量はLCの2倍
・26（P.58）の配色違い

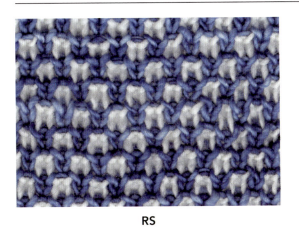
RS

WS

2の倍数で作り目

1 DC RSの段：[sl1yo、k1] をくり返す。
2 DC WSの段：[p1、sl1¹yo] をくり返す。
3 LC RSの段：[brp1², k1] をくり返す。編み地を返さず編み目をスライド。
4 DC RSの段：[k1、sl1yo] をくり返す。
5 DC WSの段：[sl1¹yo、p1] をくり返す。編み地を返さず編み目をスライド。
6 LC WSの段：[brk1², p1] をくり返す。

1 DC RSの段からくり返す。

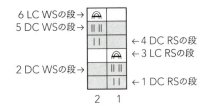

Double Tuck Stitch ダブル・タック・ステッチ

28

・メリヤス編み状の編み地
・LCとDCの使用量は同等

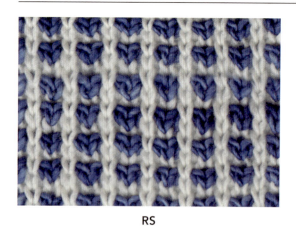
RS

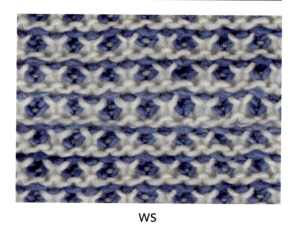
WS

2の倍数で作り目

1 DC RSの段：[k1、sl1yo] をくり返す。
2 DC WSの段：[sl1¹yo、p1] をくり返す。
3 LC RSの段：[k1、brk1²] をくり返す。
4 LC WSの段：pで1段編む。

1 DC RSの段からくり返す。

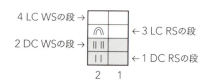

Double Tuck Stitch ダブル・タック・ステッチ

29

・メリヤス編み状の編み地
・LCとDCの使用量は同等

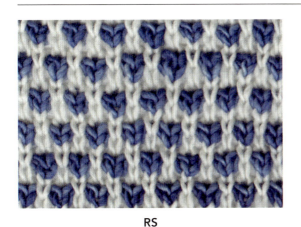

RS

WS

2の倍数で作り目

1 DC RSの段：[k1、sl1yo] をくり返す。
2 DC WSの段：[sl1¹yo、p1] をくり返す。
3 LC RSの段：[k1、brk1²] をくり返す。
4 LC WSの段：pで1段編む。
5 DC RSの段：[sl1yo、k1] をくり返す。
6 DC WSの段：[p1、sl1¹yo] をくり返す。
7 LC RSの段：[brk1²、k1] をくり返す。
8 LC WSの段：pで1段編む。

1 DC RSの段からくり返す。

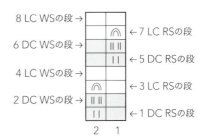

61

Powderpuff

62

Double Tuck Stitch ダブル・タック・ステッチ

30

・ゴム編み状の編み地
・LCとDCの使用量は同等

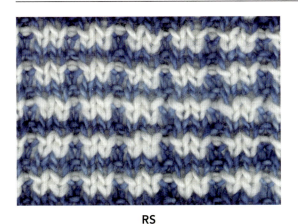

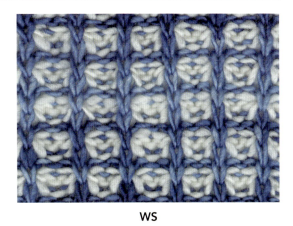

RS　　　　　　　　　　　　　　WS

3の倍数で作り目

1 LC RSの段：[k2、sl1yo] をくり返す。
2 LC WSの段：[sl1^{1}yo、p2] をくり返す。
3 DC RSの段：[k2、brp1^2] をくり返す。
4 DC WSの段：[k1、p2] をくり返す。

1 LC RSの段からくり返す。

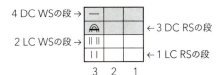

63

Double Tuck Stitch ダブル・タック・ステッチ

31

・メリヤス編み状の編み地
・LCとDCの使用量は同等

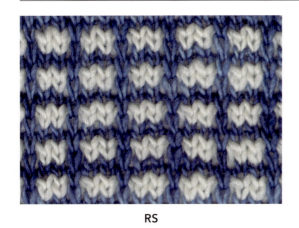

RS

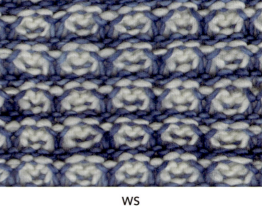

WS

3の倍数で作り目

1 LC RSの段：[k2、sl1yo] をくり返す。
2 LC WSの段：[sl1¹yo、p2] をくり返す。
3 DC RSの段：[k2、brk1²] をくり返す
4 DC WSの段：pで1段編む。

1 LC RSの段からくり返す。

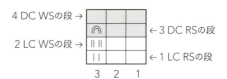

Double Tuck Stitch ダブル・タック・ステッチ

32

・かのこ編み状の編み地
・LCの使用量はDCの3倍

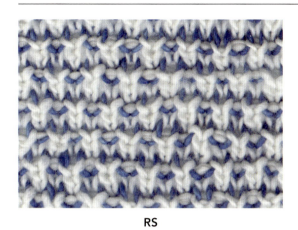

RS

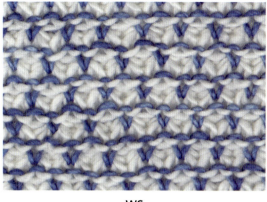

WS

2の倍数で作り目

1 LC RSの段：kで1段編む。
2 LC WSの段：[sl1yo、p1] をくり返す。
3 LC RSの段：[k1、sl1^{1}yo] をくり返す。編み地を返さず編み目をスライド。
4 DC RSの段：[k1、brp1^2] をくり返す。
5 LC WSの段：pで1段編む。
6 LC RSの段：[sl1yo、k1] をくり返す。
7 LC WSの段：[p1、sl1^{1}yo] をくり返す。編み地を返さず編み目をスライド。
8 DC WSの段：[p1、brk1^2] をくり返す。

1 LC RSの段からくり返す。

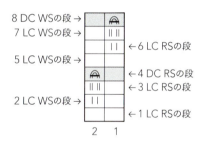

Double Tuck Stitch ダブル・タック・ステッチ

33

・かのこ編み状の編み地
・LCの使用量はDCの2倍

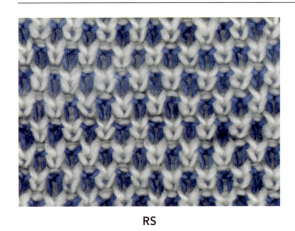
RS

WS

2の倍数で作り目

1 LC RSの段：[p1、sl1yo] をくり返す。
2 LC WSの段：[sl1¹yo、p1] をくり返す。
3 DC RSの段：[k1、brp1²] をくり返す。編み地を返さず編み目をスライド。
4 LC RSの段：[sl1yo、p1] をくり返す。
5 LC WSの段：[p1、sl1¹yo] をくり返す。編み地を返さず編み目をスライド。
6 DC WSの段：[p1、brk1²] をくり返す。

1 LC RSの段からくり返す。

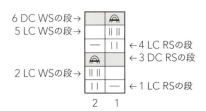

66

Double Tuck Stitch ダブル・タック・ステッチ

34

・ゴム編み状の編み地
・LCとDCの使用量は同等
・どちらの面も同じ表情の編み地になる

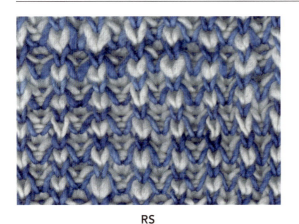

RS

WS

2の倍数で作り目

準備の DC RSの段：[sl1yo、p1] をくり返す。編み地を返さず編み目をスライド。

1 LC RSの段：[sl1^{1}yo、p1] をくり返す。
2 DC WSの段：[sl1yo、brp1^2] をくり返す。編み地を返さず編み目をスライド。
3 LC WSの段：[sl1^{1}yo、p1] をくり返す。
4 DC RSの段：[sl1yo、brp1^2] をくり返す。編み地を返さず編み目をスライド。

1 LC RSの段からくり返す。

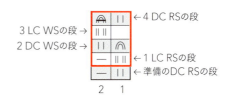

Double Tuck Stitch ダブル・タック・ステッチ

35

- メリヤス地にゴム編みを組み合わせた編み地
- LCの使用量はDCの2倍

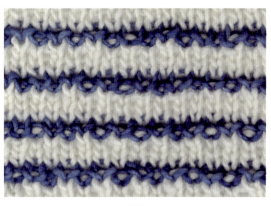

RS

WS

2の倍数で作り目

1 LC RSの段：kで1段編む。
2 LC WSの段：pで1段編む。
3 LC RSの段：kで1段編む。
4 LC WSの段：[sl1yo、p1] をくり返す。
5 DC RSの段：[k1、sl1¹yo] をくり返す。
6 DC WSの段：[brk1²、p1] をくり返す。
7 LC RSの段：kで1段編む。
8 LC WSの段：pで1段編む。
9 LC RSの段：kで1段編む。
10 LC WSの段：[p1、sl1yo] をくり返す。
11 DC RSの段：[sl1¹yo、k1] をくり返す。
12 DC WSの段：[p1、brk1²] をくり返す。

1 LC RSの段からくり返す。

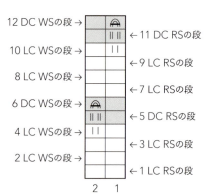

Double Tuck Stitch ダブル・タック・ステッチ

36

・メリヤス編み状の編み地
・LCとDCの使用量は同等
・どちらの面も同じ表情になるが色は反転する

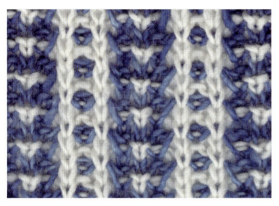

RS

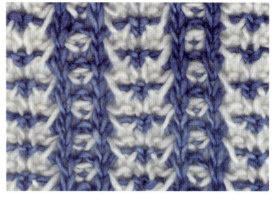

WS

6の倍数で作り目

準備の1 LC RSの段:〈k1、p1、[k1、sl1yo]を2回〉、〈~〉をくり返す。
準備の2 LC WSの段:〈[sl1¹yo、p1]を2回、k1、p1〉、〈~〉をくり返す。

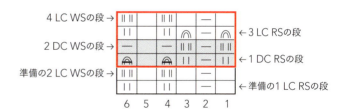

1 DC RSの段:[sl1yo、p1、sl1yo、brp1²、k1、brp1²]をくり返す。
2 DC WSの段:〈k1、p1、[k1、sl1¹yo]を2回〉、〈~〉をくり返す。
3 LC RSの段:[brk1²、p1、brk1²、sl1yo、k1、sl1yo]をくり返す。
4 LC WSの段:〈[sl1¹yo、p1]を2回、k1、p1〉、〈~〉をくり返す。

1 DC RSの段からくり返す。

69

Double Tuck Stitch ダブル・タック・ステッチ

37

・乱れゴム編み状の編み地
・LCの使用量はDCの2倍
・どちらの面も同じ表情の編み地になる

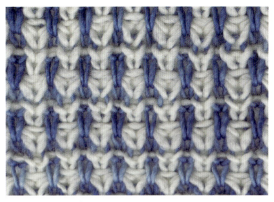

RS

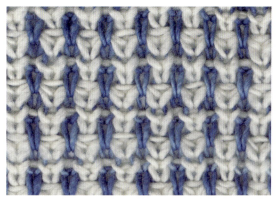

WS

2の倍数で作り目

1 LC RSの段：[p1、sl1yo] をくり返す。
2 LC WSの段：[sl1¹yo、k1] をくり返す。
3 DC RSの段：[p1、brk1²] をくり返す。編み地を返さず編み目をスライド。
4 LC RSの段：[k1、sl1yo] をくり返す。
5 LC WSの段：[sl1¹yo、p1] をくり返す。編み地を返さず編み目をスライド。
6 DC WSの段：[brk1²、p1] をくり返す。

1 LC RSの段からくり返す。

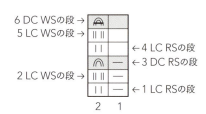

Double Tuck Stitch ダブル・タック・ステッチ

38

・乱れゴム編み状の編み地
・LCとDCの使用量は同等

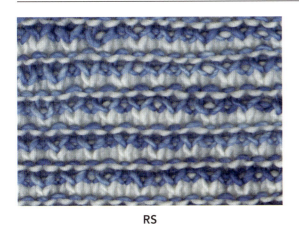
RS

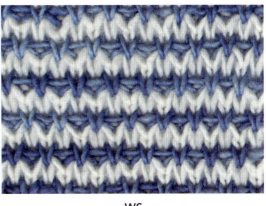
WS

2の倍数で作り目

1 **LC RSの段**：pで1段編む。
2 **LC WSの段**：［sl1yo、p1］をくり返す。
3 **DC RSの段**：［k1、sl1¹yo］をくり返す。
4 **DC WSの段**：［brk1²、p1］をくり返す。
5 **LC RSの段**：pで1段編む。
6 **LC WSの段**：［p1、sl1yo］をくり返す。
7 **DC RSの段**：［sl1¹yo、k1］をくり返す。
8 **DC WSの段**：［p1、brk1²］をくり返す。

1 LC RSの段からくり返す。

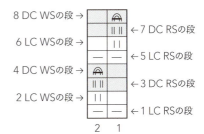

Double Tuck Stitch ダブル・タック・ステッチ

39

- メリヤス編み状の編み地
- LCとDCの使用量は同等

RS

WS

4の倍数で作り目

準備の1 DC RSの段:[k3、sl1yo]をくり返す。
準備の2 DC WSの段:[sl1¹yo、p3]をくり返す。

1 LC RSの段:[k1、sl1yo、k1、brk1²]をくり返す。
2 LC WSの段:[p2、sl1¹yo、p1]をくり返す。
3 DC RSの段:[k1、brk1²、k1、sl1yo]をくり返す。
4 DC WSの段:[sl1¹yo、p3]をくり返す。

1 LC RSの段からくり返す。

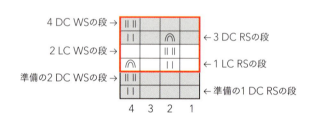

72

Double Tuck Stitch *ダブル・タック・ステッチ*

40

・変わりゴム編み状の編み地
・LCとDCの使用量は同等

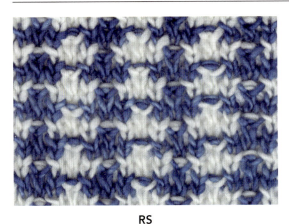

RS

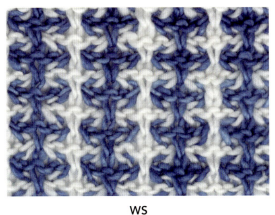

WS

4の倍数で作り目

準備の1 DC RSの段：[k3、sl1yo] をくり返す。
準備の2 DC WSの段：[sl1¹yo、p3] をくり返す。

1 LC RSの段：[k1、sl1yo、k1、brp1²] をくり返す。
2 LC WSの段：[p2、sl1¹yo、p1] をくり返す。
3 DC RSの段：[k1、brp1²、k1、sl1yo] をくり返す。
4 DC WSの段：[sl1¹yo、p3] をくり返す。

1 LC RSの段からくり返す。

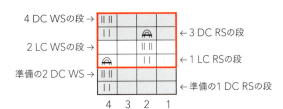

73

Triple Tuck Stitch
41

トリプル・タック・ステッチ

・メリヤス編み状の編み地
・LCとDCの使用量は同等
・42（P.75）〜48（P.81）の配色違い

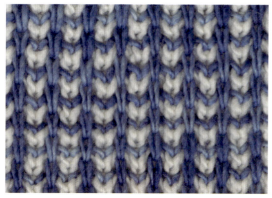

RS

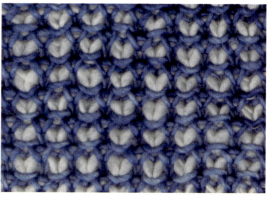

WS

2の倍数で作り目

1 LC RSの段：[k1、sl1yo] をくり返す。
2 LC WSの段：[sl1¹yo、p1] をくり返す。
3 DC RSの段：[k1、sl1²yo] をくり返す。
4 DC WSの段：[brp1³、p1] をくり返す。

1 LC RSの段からくり返す。

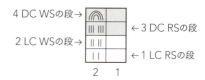

Triple Tuck Stitch トリプル・タック・ステッチ

42

- メリヤス編み状の編み地
- LCの使用量はDCの3倍
- 41（P.74）〜48（P.81）の配色違い

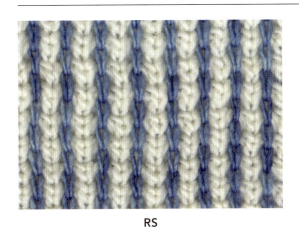

RS

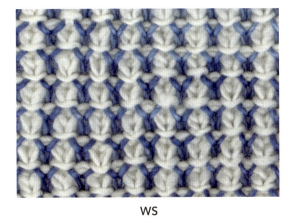

WS

2の倍数で作り目

1 LC RSの段：[k1、sl1yo] をくり返す。
2 LC WSの段：[sl1¹yo、p1] をくり返す。
3 LC RSの段：[k1、sl1²yo] をくり返す。編み地を返さず編み目をスライド。
4 DC RSの段：[k1、brk1³] をくり返す。
5 LC WSの段：[sl1yo、p1] をくり返す。
6 LC RSの段：[k1、sl1¹yo] をくり返す。
7 LC WSの段：[sl1²yo、p1] をくり返す。編み地を返さず編み目をスライド。
8 DC WSの段：[brp1³、p1] をくり返す。

1 LC RSの段からくり返す。

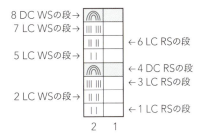

Triple Tuck Stitch トリプル・タック・ステッチ

43

- メリヤス編み状の編み地
- LCの使用量はDCの3倍
- 41（P.74）～48（P.81）の配色違い

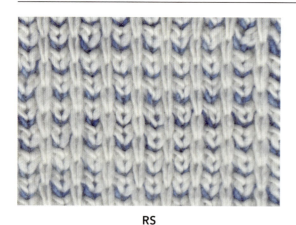

RS

WS

2の倍数で作り目

1 DC RSの段：[k1、sl1yo] をくり返す。編み地を返さず編み目をスライド。
2 LC RSの段：[k1、sl1¹yo] をくり返す。
3 LC WSの段：[sl1²yo、p1] をくり返す。
4 LC RSの段：[k1、brk1³] をくり返す。
5 DC WSの段：[sl1yo、p1] をくり返す。編み地を返さず編み目をスライド。
6 LC WSの段：[sl1¹yo、p1] をくり返す。
7 LC RSの段：[k1、sl1²yo] をくり返す。
8 LC WSの段：[brp1³、p1] をくり返す。

1 DC RSの段からくり返す。

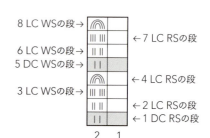

Triple Tuck Stitch トリプル・タック・ステッチ

44

- メリヤス編み状の編み地
- LCの使用量はDCの3倍
- 41（P.74）〜48（P.81）の配色違い

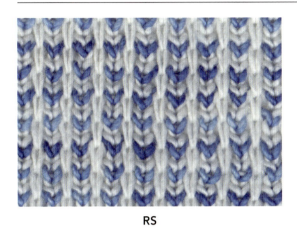
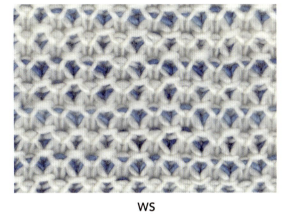

RS　　　　　　　　　　　　WS

2の倍数で作り目

1 LC RSの段：［k1、sl1yo］をくり返す。編み地を返さず編み目をスライド。
2 DC RSの段：［k1、sl1¹yo］をくり返す。
3 LC WSの段：［sl1²yo、p1］をくり返す。
4 LC RSの段：［k1、brk1³］をくり返す。
5 LC WSの段：［sl1yo、p1］をくり返す。編み地を返さず編み目をスライド。
6 DC WSの段：［sl1¹yo、p1］をくり返す。
7 LC RSの段：［k1、sl1²yo］をくり返す。
8 LC WSの段：［brp1³、p1］をくり返す。

1 LC RSの段からくり返す。

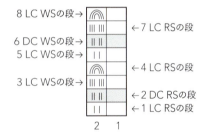

Triple Tuck Stitch トリプル・タック・ステッチ

45

- メリヤス編み状の編み地
- LCとDCの使用量は同等
- 41（P.74）～48（P.81）の配色違い

RS

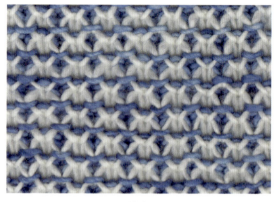

WS

2の倍数で作り目

1 LC RSの段：[k1、sl1yo] をくり返す。編み地を返さず編み目をスライド。
2 DC RSの段：[k1、sl1^{1}yo] をくり返す。
3 DC WSの段：[sl1^{2}yo、p1] をくり返す。編み地を返さず編み目をスライド。
4 LC WSの段：[brp1^3、p1] をくり返す。

1 LC RSの段からくり返す。

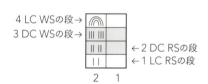

Triple Tuck Stitch トリプル・タック・ステッチ

46

- メリヤス編み状の編み地
- LCとDCの使用量は同等
- 41(P.74) 〜48(P.81) の配色違い

RS

WS

2の倍数で作り目

1 LC RSの段：[k1、sl1yo] をくり返す。編み地を返さず編み目をスライド。
2 DC RSの段：[k1、sl1¹yo] をくり返す。
3 LC WSの段：[sl1²yo、p1] をくり返す。編み地を返さず編み目をスライド。
4 DC WSの段：[brp1³、p1] をくり返す。

1 LC RSの段からくり返す。

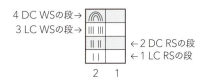

79

Triple Tuck Stitch トリプル・タック・ステッチ

47

- メリヤス編み状の編み地
- LCの糸の使用量はDCの3倍
- 41（P.74）〜48（P.81）の配色違い

RS

WS

2の倍数で作り目

1 LC RSの段：[k1、sl1yo] をくり返す。
2 LC WSの段：[sl1¹yo、p1] をくり返す。
3 DC RSの段：[k1、sl1²yo] をくり返す。編み地を返さず編み目をスライド。
4 LC RSの段：[k1、brk1³] をくり返す。
5 LC WSの段：[sl1yo、p1] をくり返す。
6 LC RSの段：[k1、sl1¹yo] をくり返す。
7 DC WSの段：[sl1²yo、p1] をくり返す。編み地を返さず編み目をスライド。
8 LC WSの段：[brp1³、p1] をくり返す。

1 LC RSの段からくり返す。

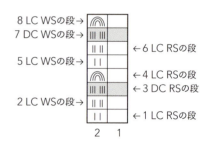

Triple Tuck Stitch トリプル・タック・ステッチ

48

- メリヤス編み状の編み地
- LCとDCの使用量は同等
- 41（P.74）〜47（P.80）の配色違い

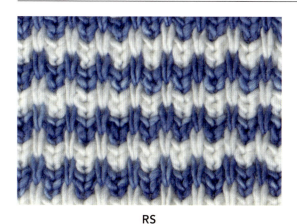

RS　　　　　　　　　　　　　WS

2の倍数で作り目

1 **LC RS**の段：[k1、sl1yo] をくり返す。
2 **LC WS**の段：[sl1^{1}yo、p1] をくり返す。
3 **LC RS**の段：[k1、sl1^{2}yo] をくり返す。
4 **LC WS**の段：[brp1^3、p1] をくり返す。
5 **DC RS**の段：[k1、sl1yo] をくり返す。
6 **DC WS**の段：[sl1^{1}yo、p1] をくり返す。
7 **DC RS**の段：[k1、sl1^{2}yo] をくり返す。
8 **DC WS**の段：[brp1^3、p1] をくり返す。

1 LC RSの段からくり返す。

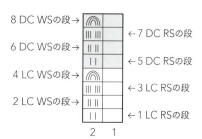

Triple Tuck Stitch トリプル・タック・ステッチ

49

- 変わりゴム編み状の編み地
- LCとDCの使用量は同等

RS

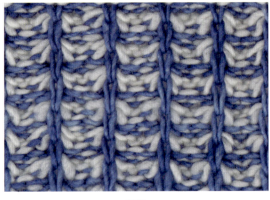

WS

3の倍数で作り目

1 LC RSの段：[k2、sl1yo] をくり返す。
2 LC WSの段：[sl1¹yo、p2] をくり返す。
3 DC RSの段：[k2、sl1²yo] をくり返す。
4 DC WSの段：[brk1³、p2] をくり返す。

1 LC RSの段からくり返す。

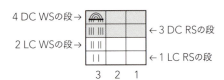

Triple Tuck Stitch トリプル・タック・ステッチ

50

・ゴム編み状の編み地
・LCの使用量はDCの3倍

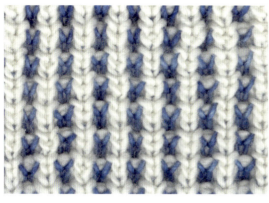
RS

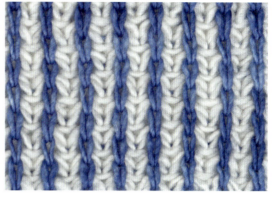
WS

2の倍数で作り目

1 LC RSの段：[k1、sl1yo] をくり返す。
2 LC WSの段：[sl1¹yo、p1] をくり返す。
3 LC RSの段：[k1、sl1²yo] をくり返す。編み地を返さず編み目をスライド。
4 DC RSの段：[k1、brp1³] をくり返す。
5 LC WSの段：[sl1yo、p1] をくり返す。
6 LC RSの段：[k1、sl1¹yo] をくり返す。
7 LC WSの段：[sl1²yo、p1] をくり返す。編み地を返さず編み目をスライド。
8 DC WSの段：[brk1³、p1] をくり返す。

1 LC RSの段からくり返す。

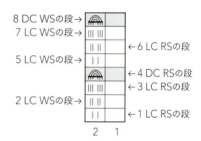

Triple Tuck Stitch トリプル・タック・ステッチ

51

・メリヤス編み状の編み地
・LCの使用量はDCの2倍

RS

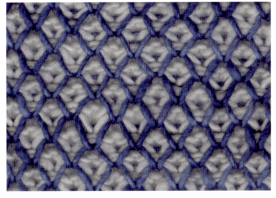
WS

2の倍数で作り目

準備のDC RSの段：[k1、sl1yo] をくり返す。編み地を返さず編み目をスライド。

1 LC RSの段：[k1、sl1^{1}yo] をくり返す。
2 LC WSの段：[sl1^{2}yo、p1] をくり返す。編み地を返さず編み目をスライド。
3 DC WSの段：[brp1^3、sl1yo] をくり返す。
4 LC RSの段：[sl1^{1}yo、k1] をくり返す。
5 LC WSの段：[p1、sl1^{2}yo] をくり返す。
6 DC RSの段：[brk1^3、sl1yo] をくり返す。編み地を返さず編み目をスライド。

1 LC RSの段からくり返す。

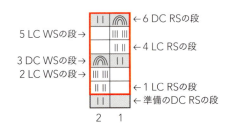

Triple Tuck Stitch トリプル・タック・ステッチ

52

・乱れゴム編み状の編み地
・LCの使用量はDCの2倍

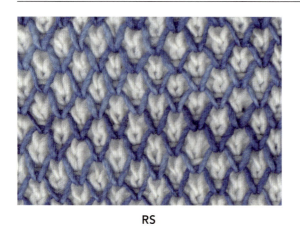

RS

WS

2の倍数で作り目

準備のDC RSの段：[k1、sl1yo] をくり返す。編み地を返さず編み目をスライド。

1 LC RSの段：[k1、sl1^{1}yo] をくり返す。
2 LC WSの段：[sl1^{2}yo、p1] をくり返す。編み地を返さず編み目をスライド。
3 DC WSの段：[brk1^3、sl1yo] をくり返す。
4 LC RSの段：[sl1^{1}yo、k1] をくり返す。
5 LC WSの段：[p1、sl1^{2}yo] をくり返す。
6 DC RSの段：[brp1^3、sl1yo] をくり返す。編み地を返さず編み目をスライド。

1 LC RSの段からくり返す。

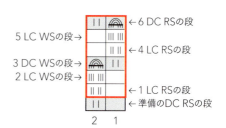

Triple Tuck Stitch トリプル・タック・ステッチ

53

・ガーター編み状の編み地
・LCとDCの使用量は同等

RS

WS

4の倍数で作り目

1 LC RSの段：[k3、sl1yo] をくり返す。編み地を返さず編み目をスライド。
2 DC RSの段：[p3、sl1¹yo] をくり返す。
3 LC WSの段：[sl1²yo、p3] をくり返す。編み地を返さず編み目をスライド。
4 DC WSの段：[brk1³、k3] をくり返す。
5 LC RSの段：[k1、sl1yo、k2] をくり返す。編み地を返さず編み目をスライド。
6 DC RSの段：[p1、sl1¹yo、p2] をくり返す。
7 LC WSの段：[p2、sl1²yo、p1] をくり返す。編み地を返さず編み目をスライド。
8 DC WSの段：[k2、brk1³、k1] をくり返す。

1 LC RSの段からくり返す。

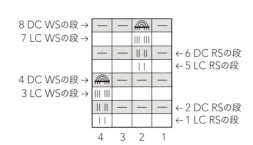

Triple Tuck Stitch トリプル・タック・ステッチ

54

- ゴム編み状の編み地
- LCの使用量はDCの3倍

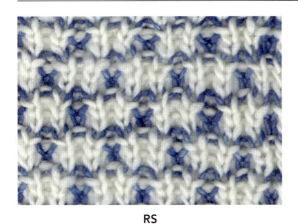
RS

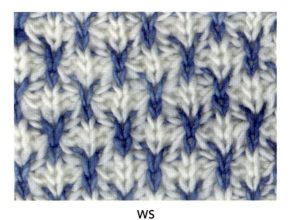
WS

4の倍数で作り目

1 LC RSの段: [k1、p1、k1、sl1yo] をくり返す。
2 LC WSの段: [sl1^{1}yo、p1、k1、p1] をくり返す。
3 LC RSの段: [k1、p1、k1、sl1^{2}yo] をくり返す。編み地を返さず編み目をスライド。
4 DC RSの段: [k1、p1、k1、brp1^3] をくり返す。
5 LC WSの段: [k1、p1、sl1yo、p1] をくり返す。
6 LC RSの段: [k1、sl1^{1}yo、k1、p1] をくり返す。
7 LC WSの段: [k1、p1、sl1^{2}yo、p1] をくり返す。編み地を返さず編み目をスライド。
8 DC WSの段: [k1、p1、brk1^3、p1] をくり返す。

1 LC RSの段からくり返す。

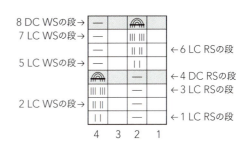

87

Triple Tuck Stitch トリプル・タック・ステッチ

55

- 変わりゴム編み状の編み地
- LCの使用量はDCの2倍

RS

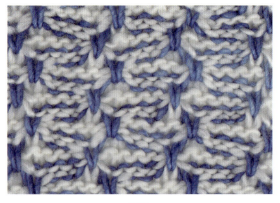
WS

5の倍数で作り目

準備のDC RSの段：[k3、sl1yo、k1] をくり返す。編み地を返さず編み目をスライド。

1 LC RSの段：[k3、sl1^{1}yo、k1] をくり返す。
2 LC WSの段：[p1、sl1^{2}yo、p3] をくり返す。編み地を返さず編み目をスライド。
3 DC WSの段：[sl1yo、brk1^3、p3] をくり返す。
4 LC RSの段：[k4、sl1^{1}yo] をくり返す。
5 LC WSの段：[sl1^{2}yo、p4] をくり返す。
6 DC RSの段：[k3、sl1yo、brp1^3] をくり返す。編み地を返さず編み目をスライド。

1 LC RSの段からくり返す。

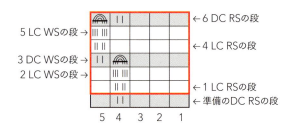

Triple Tuck Stitch トリプル・タック・ステッチ

56

・変わりゴム編み状の編み地
・LCの使用量はDCの2倍

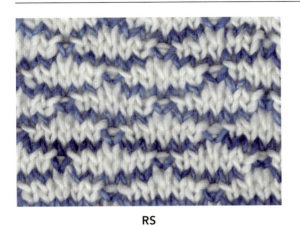
RS

WS

6の倍数で作り目

準備のDC RSの段：[k5、sl1yo] をくり返す。編み地を返さず編み目をスライド。

1 LC RSの段：[k5、sl1^{1}yo] をくり返す。
2 LC WSの段：[sl1^{2}yo、p5] をくり返す。編み地を返さず編み目をスライド。
3 DC WSの段：[brk1^3、p2、sl1yo、p2] をくり返す。
4 LC RSの段：[k2、sl1^{1}yo、k3] をくり返す。
5 LC WSの段：[p3、sl1^{2}yo、p2] をくり返す。
6 DC RSの段：[k2、brp1^3、k2、sl1yo] をくり返す。編み地を返さず編み目をスライド。

1 LC RSの段からくり返す。

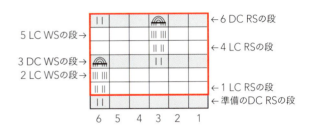

Triple Tuck Stitch トリプル・タック・ステッチ

57

・乱れゴム編み状の編み地
・LCの糸の使用量はDCの3倍

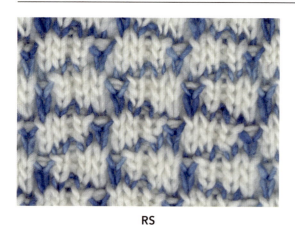
RS

WS

5の倍数で作り目

1 LC RSの段：[k1、p1、k1、sl1yo、k1] をくり返す。
2 LC WSの段：[p1、sl1¹yo、p1、k1、p1] をくり返す。
3 LC RSの段：[k1、p1、k1、sl1²yo、k1] をくり返す。編み地を返さず編み目をスライド。
4 DC RSの段：[k1、p1、k1、brp1³、k1] をくり返す。
5 LC WSの段：[sl1yo、p2、k1、p1] をくり返す。
6 LC RSの段：[k1、p1、k2、sl1¹yo] をくり返す。
7 LC WSの段：[sl1²yo、p2、k1、p1] をくり返す。編み地を返さず編み目をスライド。
8 DC WSの段：[brk1³、p2、k1、p1] をくり返す。

1 LC RSの段からくり返す。

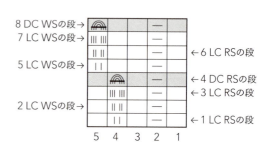

Triple Tuck Stitch トリプル・タック・ステッチ

58

- ゴム編み状の編み地
- LCの使用量はDCの3倍

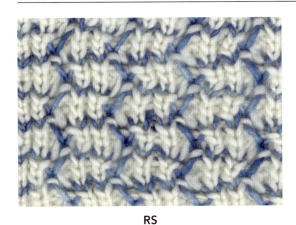

RS

WS

5の倍数で作り目

1 LC RSの段：[k1、p1、k1、sl1yo、p1] をくり返す。
2 LC WSの段：[k1、sl1^{1}yo、p1、k1、p1] をくり返す。
3 LC RSの段：[k1、p1、k1、sl1^{2}yo、p1] をくり返す。編み地を返さず編み目をスライド。
4 DC RSの段：[k1、p1、k1、brp1^3、p1] をくり返す。
5 LC WSの段：[sl1yo、k1、p1、k1、p1] をくり返す。
6 LC RSの段：[k1、p1、k1、p1、sl1^{1}yo] をくり返す。
7 LC WSの段：[sl1^{2}yo、k1、p1、k1、p1] をくり返す。編み地を返さず編み目をスライド。
8 DC WSの段：[brk1^3、k1、p1、k1、p1] をくり返す。

1 LC RSの段からくり返す。

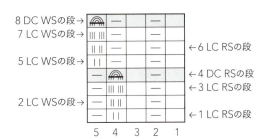

Plovers

Triple Tuck Stitch トリプル・タック・ステッチ

59

- ゴム編み状の編み地
- LCとDCの使用量は同等

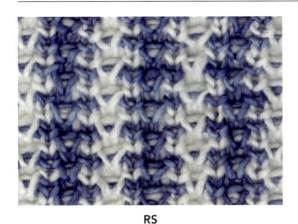
RS

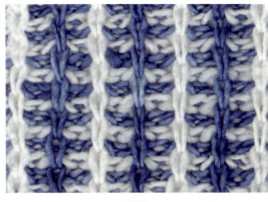
WS

4の倍数で作り目

準備の1 DC RSの段：[k1、sl1yo] をくり返す。
準備の2 DC WSの段：[sl1¹yo、p1、brk1、p1] をくり返す。

1 LC RSの段：[k1、sl1yo、k1、sl1²yo] をくり返す。
2 LC WSの段：[brk1³、p1、sl1¹yo、p1] をくり返す。
3 DC RSの段：[k1、sl1²yo、k1、sl1yo] をくり返す。
4 DC WSの段：[sl1¹yo、p1、brk1³、p1] をくり返す。

1 LC RSの段からくり返す。

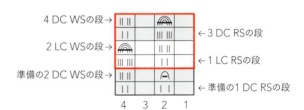

Triple Tuck Stitch トリプル・タック・ステッチ

60

- メリヤス編み状の編み地
- LCの使用量はDCの3倍

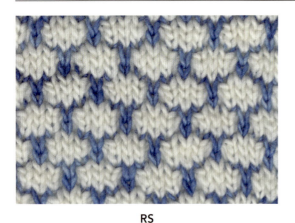

| | RS | | WS |

4の倍数で作り目

1 **LC RS**の段：[k3、sl1yo] をくり返す。
2 **LC WS**の段：[sl1^{1}yo、p3] をくり返す。
3 **LC RS**の段：[k3、sl1^{2}yo] をくり返す。編み地を返さず編み目をスライド。
4 **DC RS**の段：[k3、brk1^3] をくり返す。
5 **LC WS**の段：[p2、sl1yo、p1] をくり返す。
6 **LC RS**の段：[k1、sl1^{1}yo、k2] をくり返す。
7 **LC WS**の段：[p2、sl1^{2}yo、p1] をくり返す。編み地を返さず編み目をスライド。
8 **DC WS**の段：[p2、brp1^3、p1] をくり返す。

1 LC RSの段からくり返す。

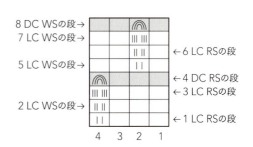

Triple Tuck Stitch トリプル・タック・ステッチ

61

- 乱れゴム編み状の編み地
- LCの使用量はDCの3倍

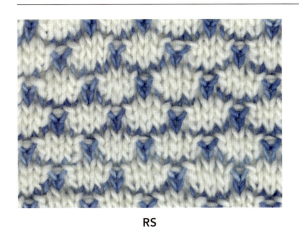

RS

WS

4の倍数で作り目

1 LC RSの段：[k3、sl1yo] をくり返す。
2 LC WSの段：[sl1^{1}yo、p3] をくり返す。
3 LC RSの段：[k3、sl1^{2}yo] をくり返す。編み地を返さず編み目をスライド。
4 DC RSの段：[k3、brp1^3] をくり返す。
5 LC WSの段：[p2、sl1yo、p1] をくり返す。
6 LC RSの段：[k1、sl1^{1}yo、k2] をくり返す。
7 LC WSの段：[p2、sl1^{2}yo、p1] をくり返す。編み地を返さず編み目をスライド。
8 DC WSの段：[p2、brk1^3、p1] をくり返す。

1 LC RSの段からくり返す。

95

Triple Tuck Stitch トリプル・タック・ステッチ

62

・メリヤス編みとガーター編みを組み合わせた編み地
・LCの使用量はDCの3倍

RS

WS

4の倍数で作り目

1 LC RSの段：[k3、sl1yo]をくり返す。
2 LC WSの段：[sl1¹yo、p3]をくり返す。
3 LC RSの段：[k3、sl1²yo]をくり返す。編み地を返さず編み目をスライド。
4 DC RSの段：[p3、brk1³]をくり返す。
5 LC WSの段：[p2、sl1yo、p1]をくり返す。
6 LC RSの段：[k1、sl1¹yo、k2]をくり返す。
7 LC WSの段：[p2、sl1²yo、p1]をくり返す。編み地を返さず編み目をスライド。
8 DC WSの段：[k2、brp1³、k1]をくり返す。

1 LC RSの段からくり返す。

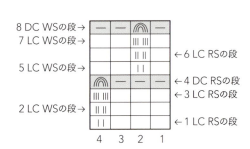

Triple Tuck Stitch トリプル・タック・ステッチ

63

- メリヤス編みとガーター編みを組み合わせた編み地
- LCの使用量はDCの3倍

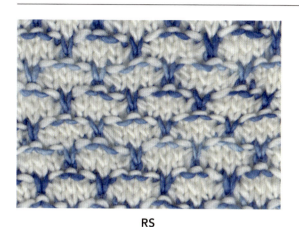

RS

WS

4の倍数で作り目

1 LC RSの段：[k3、sl1yo] をくり返す。
2 LC WSの段：[sl1¹yo、p3] をくり返す。
3 LC RSの段：[k3、sl1²yo] をくり返す。編み地を返さず編み目をスライド。
4 DC RSの段：[p3、brp1³] をくり返す。
5 LC WSの段：[p2、sl1yo、p1] をくり返す。
6 LC RSの段：[k1、sl1¹yo、k2] をくり返す。
7 LC WSの段：[p2、sl1²yo、p1] をくり返す。編み地を返さず編み目をスライド。
8 DC WSの段：[k2、brk1³、k1] をくり返す。

1 LC RSの段からくり返す。

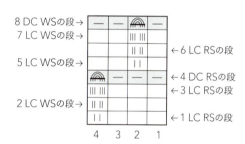

Triple Tuck Stitch トリプル・タック・ステッチ

64

- メリヤス編み状の編み地
- LCの使用量はDCの3倍

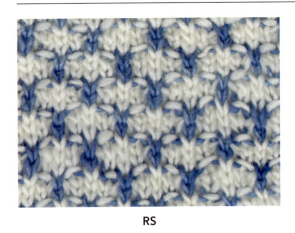
RS

WS

4の倍数で作り目

1 LC RSの段：[k3、sl1yo] をくり返す。
2 LC WSの段：[sl1¹yo、p3] をくり返す。
3 LC RSの段：[k3、sl1²yo] をくり返す。編み地を返さず編み目をスライド。
4 DC RSの段：[p1、k1、p1、brk1³] をくり返す。
5 LC WSの段：[p2、sl1yo、p1] をくり返す。
6 LC RSの段：[k1、sl1¹yo、k2] をくり返す。
7 LC WSの段：[p2、sl1²yo、p1] をくり返す。編み地を返さず編み目をスライド。
8 DC WSの段：[p1、k1、brp1³、k1] をくり返す。

1 LC RSの段からくり返す。

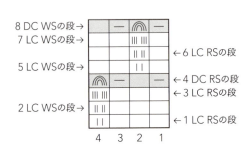

98

Triple Tuck Stitch トリプル・タック・ステッチ

65

- 斜めに流れるリブ編み状の編み地
- LCの使用量はDCの3倍

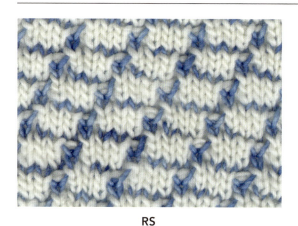

RS

WS

4の倍数で作り目

1 LC RSの段: [k3、sl1yo] をくり返す。
2 LC WSの段: [sl1¹yo、p3] をくり返す。
3 LC RSの段: [k3、sl1²yo] をくり返す。編み地を返さず編み目をスライド。
4 DC RSの段: [k3、brp1³] をくり返す。
5 LC WSの段: [p1、sl1yo、p2] をくり返す。
6 LC RSの段: [k2、sl1¹yo、k1] をくり返す。
7 LC WSの段: [p1、sl1²yo、p2] をくり返す。編み地を返さず編み目をスライド。
8 DC WSの段: [p1、brk1³、p2] をくり返す。
9 LC RSの段: [k1、sl1yo、k2] をくり返す。
10 LC WSの段: [p2、sl1¹yo、p1] をくり返す。
11 LC RSの段: [k1、sl1²yo、k2] をくり返す。編み地を返さず編み目をスライド。
12 DC RSの段: [k1、brp1³、k2] をくり返す。
13 LC WSの段: [p3、sl1yo] をくり返す。
14 LC RSの段: [sl1¹yo、k3] をくり返す。
15 LC WSの段: [p3、sl1²yo] をくり返す。編み地を返さず編み目をスライド。
16 DC WSの段: [p3、brk1³] をくり返す。

1 LC RSの段からくり返す。

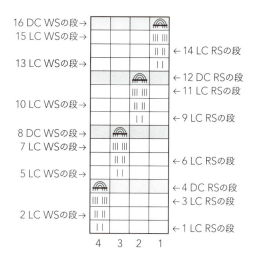

99

Quadruple Tuck Stitch
66

クアドループル・タック・ステッチ

- メリヤス編み状の編み地
- LCの使用量はDCの4倍

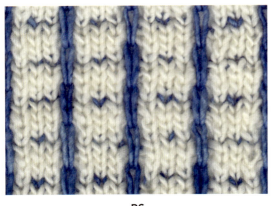

RS

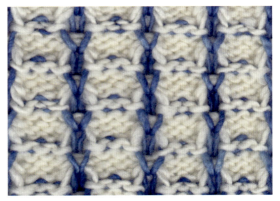

WS

4の倍数で作り目

1 LC RSの段：[k3、sl1yo] をくり返す。
2 LC WSの段：[sl1¹yo、p3] をくり返す。
3 LC RSの段：[k3、sl1²yo] をくり返す。
4 LC WSの段：[sl1³yo、p3] をくり返す。
5 DC RSの段：[k3、brk1⁴] をくり返す。編み地を返さず編み目をスライド。
6 LC RSの段：[k3、sl1yo] をくり返す。
7 LC WSの段：[sl1¹yo、p3] をくり返す。
8 LC RSの段：[k3、sl1²yo] をくり返す。
9 LC WSの段：[sl1³yo、p3] をくり返す。編み地を返さず編み目をスライド。
10 DC WSの段：[brp1⁴、p3] をくり返す。

1 LC RSの段からくり返す。

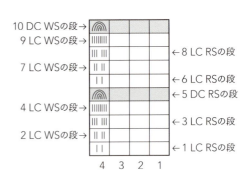

Quadruple Tuck Stitch クアドループル・タック・ステッチ

67

・ゴム編みとガーター編みを組み合わせた編み地
・LCの使用量はDCの2倍

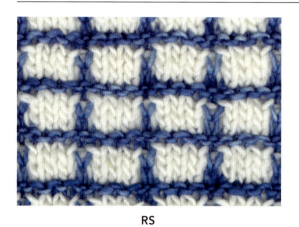
RS

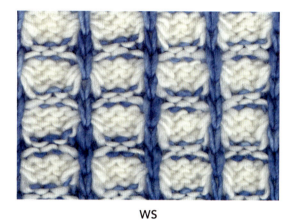
WS

4の倍数で作り目

1 **LC RS**の段：[k3、sl1yo] をくり返す。
2 **LC WS**の段：[sl1¹yo、p3] をくり返す。
3 **LC RS**の段：[k3、sl1²yo] をくり返す。
4 **LC WS**の段：[sl1³yo、p3] をくり返す。
5 **DC RS**の段：[k3、brp1⁴] をくり返す。
6 **DC WS**の段：kで1段編む。

1 LC RSの段からくり返す。

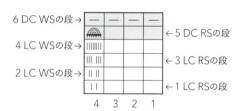

101

Quadruple Tuck Stitch クアドループル・タック・ステッチ

68

- メリヤス編み状の編み地
- LCの使用量はDCの3倍

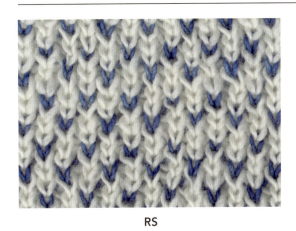
RS

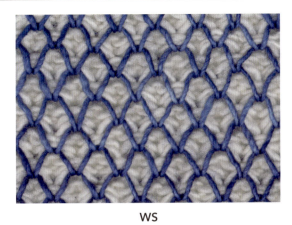
WS

2の倍数で作り目

準備のDC RSの段：[k1、sl1yo] をくり返す。編み地を返さず編み目をスライド。

1 LC RSの段：[k1、sl1^{1}yo] をくり返す。
2 LC WSの段：[sl1^{2}yo、p1] をくり返す。
3 LC RSの段：[k1、sl1^{3}yo] をくり返す。
4 DC WSの段：[brp1^4、sl1yo] をくり返す。編み地を返さず編み目をスライド。
5 LC WSの段：[p1、sl1^{1}yo] をくり返す。
6 LC RSの段：[sl1^{2}yo、k1] をくり返す。
7 LC WSの段：[p1、sl1^{3}yo] をくり返す。
8 DC RSの段：[brk1^4、sl1yo] をくり返す。編み地を返さず編み目をスライド。

1 LC RSの段からくり返す。

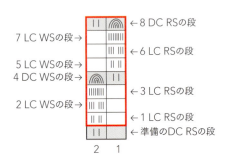

Quadruple Tuck Stitch クアドループル・タック・ステッチ

69

・格子模様の編み地
・LCの使用量はDCの3倍

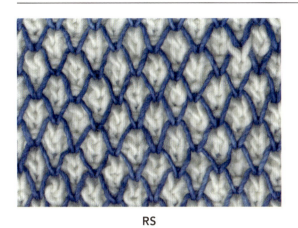

RS

WS

2の倍数で作り目

準備のDC RSの段：[k1、sl1yo] をくり返す。編み地を返さず編み目をスライド。

1 LC RSの段：[k1、sl1^{1}yo] をくり返す。
2 LC WSの段：[sl1^{2}yo、p1] をくり返す。
3 LC RSの段：[k1、sl1^{3}yo] をくり返す。
4 DC WSの段：[brk1^4、sl1yo] をくり返す。編み地を返さず編み目をスライド。
5 LC WSの段：[p1、sl1^{1}yo] をくり返す。
6 LC RSの段：[sl1^{2}yo、k1] をくり返す。
7 LC WSの段：[p1、sl1^{3}yo] をくり返す。
8 DC RSの段：[brp1^4、sl1yo] をくり返す。編み地を返さず編み目をスライド。

1 LC RSの段からくり返す。

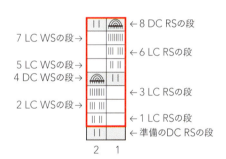

103

Quadruple Tuck Stitch クアドループル・タック・ステッチ

70

- メリヤス編み状の編み地
- LCの使用量はDCの2倍

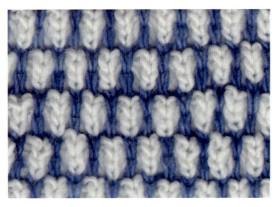
RS

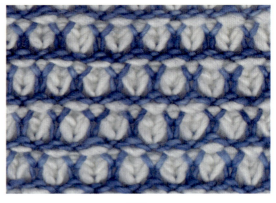
WS

2の倍数で作り目

1 LC RSの段：[k1、sl1yo] をくり返す。
2 LC WSの段：[sl1¹yo、p1] をくり返す。
3 LC RSの段：[k1、sl1²yo] をくり返す。
4 LC WSの段：[sl1³yo、p1] をくり返す。
5 DC RSの段：[k1、brk1⁴] をくり返す。
6 DC WSの段：pで1段編む。
7 LC RSの段：[sl1yo、k1] をくり返す。
8 LC WSの段：[p1、sl1¹yo] をくり返す。
9 LC RSの段：[sl1²yo、k1] をくり返す。
10 LC WSの段：[p1、sl1³yo] をくり返す。
11 DC RSの段：[brk1⁴、k1] をくり返す。
12 DC WSの段：pで1段編む。

1 LC RSの段からくり返す。

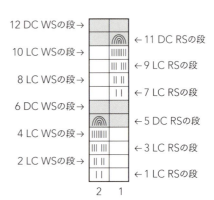

Quadruple Tuck Stitch クアドループル・タック・ステッチ

71

- 乱れゴム編み状の編み地
- LCの使用量はDCの2倍

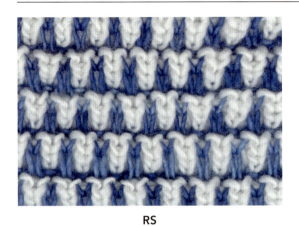

RS

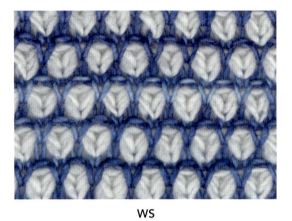

WS

2の倍数で作り目

1 LC RSの段：［k1、sl1yo］をくり返す。
2 LC WSの段：［sl1^{1}yo、p1］をくり返す。
3 LC RSの段：［k1、sl1^{2}yo］をくり返す。
4 LC WSの段：［sl1^{3}yo、p1］をくり返す。
5 DC RSの段：［k1、brp1^4］をくり返す。
6 DC WSの段：［k1、p1］をくり返す。
7 LC RSの段：［sl1yo、k1］をくり返す。
8 LC WSの段：［p1、sl1^{1}yo］をくり返す。
9 LC RSの段：［sl1^{2}yo、k1］をくり返す。
10 LC WSの段：［p1、sl1^{3}yo］をくり返す。
11 DC RSの段：［brp1^4、k1］をくり返す。
12 DC WSの段：［p1、k1］をくり返す。

1 LC RSの段からくり返す。

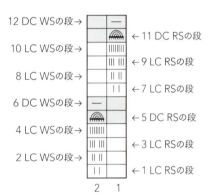

105

Quadruple Tuck Stitch クアドループル・タック・ステッチ

72

・ゴム編み状の編み地
・LCの使用量はDCの4倍

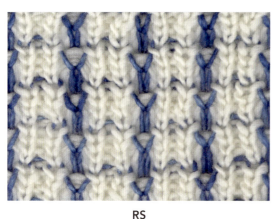
RS

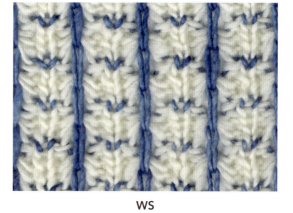
WS

4の倍数で作り目

1 LC RSの段：[k1、p1、k1、sl1yo] をくり返す。
2 LC WSの段：[sl1¹yo、p1、k1、p1] をくり返す。
3 LC RSの段：[k1、p1、k1、sl1²yo] をくり返す。
4 LC WSの段：[sl1³yo、p1、k1、p1] をくり返す。
5 DC RSの段：[k1、p1、k1、brp1⁴] をくり返す。編み地を返さず編み目をスライド。
6 LC RSの段：[k1、p1、k1、sl1yo] をくり返す。
7 LC WSの段：[sl1¹yo、p1、k1、p1] をくり返す。
8 LC RSの段：[k1、p1、k1、sl1²yo] をくり返す。
9 LC WSの段：[sl1³yo、p1、k1、p1] をくり返す。編み地を返さず編み目をスライド。
10 DC WSの段：[brk1⁴、p1、k1、p1] をくり返す。

1 LC RSの段からくり返す。

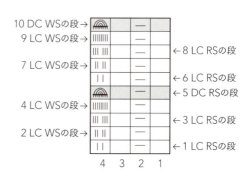

Quadruple Tuck Stitch クアドループル・タック・ステッチ

73

・乱れゴム編み状の編み地
・LCの使用量はDCの3倍

RS

WS

6の倍数で作り目

準備のDC RSの段：[k5、sl1yo] をくり返す。編み地を返さず編み目をスライド。

1 LC RSの段：[k5、sl1^{1}yo] をくり返す。
2 LC WSの段：[sl1^{2}yo、p5] をくり返す。
3 LC RSの段：[k5、sl1^{3}yo] をくり返す。
4 DC WSの段：[brk1^4、p2、sl1yo、p2] をくり返す。編み地を返さず編み目をスライド。
5 LC WSの段：[p3、sl1^{1}yo、p2] をくり返す。
6 LC RSの段：[k2、sl1^{2}yo、k3] をくり返す。
7 LC WSの段：[p3、sl1^{3}yo、p2] をくり返す。
8 DC RSの段：[k2、brp1^4、k2、sl1yo] をくり返す。編み地を返さず編み目をスライド。

1 LC RSの段からくり返す。

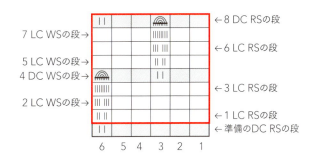

107

Persimmon

Quadruple Tuck Stitch クアドループル・タック・ステッチ

74

- 乱れゴム編み状の編み地
- LCの使用量はDCの4倍
- どちらの面も同じ表情の編み地になる

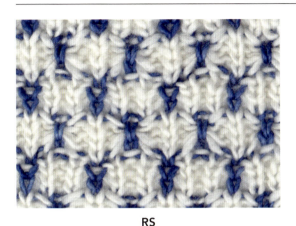

RS

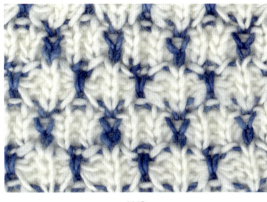

WS

4の倍数で作り目

1 LC RSの段：[k1、p1、k1、sl1yo] をくり返す。
2 LC WSの段：[sl1¹yo、p1、k1、p1] をくり返す。
3 LC RSの段：[k1、p1、k1、sl1²yo] をくり返す。
4 LC WSの段：[sl1³yo、p1、k1、p1] をくり返す。
5 DC RSの段：[k1、p1、k1、brp1⁴] をくり返す。編み地を返さず編み目をスライド。
6 LC RSの段：[p1、sl1yo、p1、k1] をくり返す。
7 LC WSの段：[p1、k1、sl1¹yo、k1] をくり返す。
8 LC RSの段：[p1、sl1²yo、p1、k1] をくり返す。
9 LC WSの段：[p1、k1、sl1³yo、k1] をくり返す。編み地を返さず編み目をスライド。
10 DC WSの段：[p1、k1、brp1⁴、k1] をくり返す。

1 LC RSの段からくり返す。

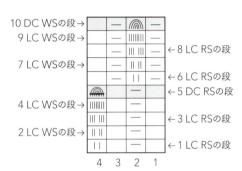

109

Quadruple Tuck Stitch クアドループル・タック・ステッチ

75

- 3目と3目のゴム編み状の編み地
- LCの使用量はDCの1.5倍

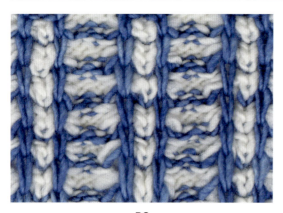

RS

WS

6の倍数で作り目

1 DC RSの段：[sl1yo、k1、sl1yo、p3] をくり返す。
編み地を返さず編み目をスライド。
2 LC RSの段：[sl1¹yo、k1、sl1¹yo、p3] をくり返す。
3 LC WSの段：[k3、sl1²yo、p1、sl1²yo] をくり返す。
4 LC RSの段：[sl1³yo、k1、sl1³yo、p3] をくり返す。
5 DC WSの段：[k3、brp1⁴、p1、brp1⁴] をくり返す。
6 DC RSの段：[sl1yo、k1、sl1yo、p3] をくり返す。
7 LC WSの段：[k3、sl1¹yo、p1、sl1¹yo] をくり返す。
8 LC RSの段：[sl1²yo、k1、sl1²yo、p3] をくり返す。
9 LC WSの段：[k3、sl1³yo、p1、sl1³yo] をくり返す。
編み地を返さず編み目をスライド。
10 DC WSの段：[k3、brp1⁴、p1、brp1⁴] をくり返す。

1 DC RSの段からくり返す。

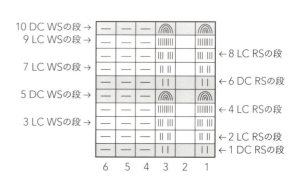

Quadruple Tuck Stitch クアドループル・タック・ステッチ

76

・3目と3目の格子状の編み地
・LCの使用量はDCの1.5倍

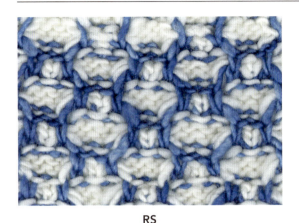
RS

WS

6の倍数で作り目

1 DC RSの段：[sl1yo、k1、sl1yo、p3] をくり返す。
編み地を返さず編み目をスライド。
2 LC RSの段：[sl1¹yo、k1、sl1¹yo、p3] をくり返す。
3 LC WSの段：[k3、sl1²yo、p1、sl1²yo] をくり返す。
4 LC RSの段：[sl1³yo、k1、sl1³yo、p3] をくり返す。
5 DC WSの段：[k3、brp1⁴、p1、brp1⁴] をくり返す。
6 DC RSの段：[p3、sl1yo、k1、sl1yo] をくり返す。
7 LC WSの段：[sl1¹yo、p1、sl1¹yo、k3] をくり返す。
8 LC RSの段：[p3、sl1²yo、k1、sl1²yo] をくり返す。
9 LC WSの段：[sl1³yo、p1、sl1³yo、k3] をくり返す。
編み地を返さず編み目をスライド。
10 DC WSの段：[brp1⁴、p1、brp1⁴、k3] をくり返す。

1 DC RSの段からくり返す。

111

Quadruple Tuck Stitch クアドループル・タック・ステッチ

77

・メリヤス編み状の編み地
・LCとDCの使用量は同等

RS

WS

4の倍数で作り目

準備の1 LC RSの段：[k3、sl1yo] をくり返す。
準備の2 LC WSの段：[sl1¹yo、p3] をくり返す。

1 LC RSの段：[k3、sl1²yo] をくり返す。
2 LC WSの段：[sl1³yo、p3] をくり返す。
3 DC RSの段：[k1、sl1yo、k1、brk1⁴] をくり返す。
4 DC WSの段：[p2、sl1¹yo、p1] をくり返す。
5 DC RSの段：[k1、sl1²yo、k2] をくり返す。
6 DC WSの段：[p2、sl1³yo、p1] をくり返す。
7 LC RSの段：[k1、brk1⁴、k1、sl1yo] をくり返す。
8 LC WSの段：[sl1¹yo、p3] をくり返す。

1 LC RSの段からくり返す。

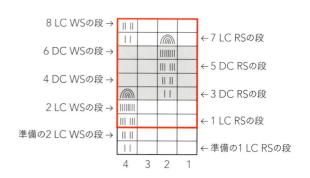

Quadruple Tuck Stitch クアドループル・タック・ステッチ

78

- かのこ編み状の編み地
- LCとDCの使用量は同等

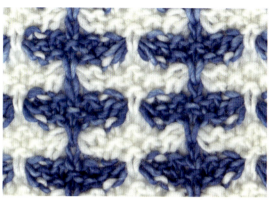
RS

WS

6の倍数で作り目

準備の1 LC RSの段：〈[k1、p1] を2回、k1、sl1yo〉をくり返す。
準備の2 LC WSの段：〈sl1^{1}yo、[k1、p1] を2回、k1〉をくり返す。

1 LC RSの段：〈[k1、p1] を2回、k1、sl1^{2}yo〉をくり返す。
2 LC WSの段：〈sl1^{3}yo、[k1、p1] を2回、k1〉をくり返す。
3 DC RSの段：[k1、p1、sl1yo、p1、k1、brk1^4] をくり返す。
4 DC WSの段：[p1、k1、p1、sl1^{1}yo、p1、k1] をくり返す。
5 DC RSの段：[k1、p1、sl1^{2}yo、p1、k1、p1] をくり返す。
6 DC WSの段：[p1、k1、p1、sl1^{3}yo、p1、k1] をくり返す。
7 LC RSの段：[k1、p1、brk1^4、p1、k1、sl1yo] をくり返す。
8 LC WSの段：〈sl1^{1}yo、[k1、p1] を2回、k1〉をくり返す。

1 LC RSの段からくり返す。

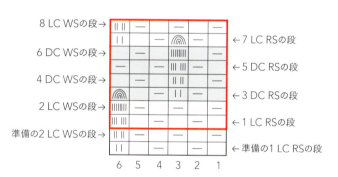

113

Quadruple Tuck Stitch クアドループル・タック・ステッチ

79

- ゴム編み状の編み地
- LCの使用量はDCの4倍

RS

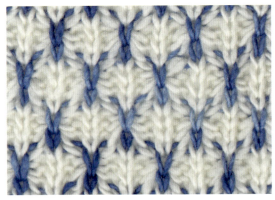

WS

4の倍数で作り目

1 LC RSの段：[k1、p1、k1、sl1yo] をくり返す。
2 LC WSの段：[sl1¹yo、p1、k1、p1] をくり返す。
3 LC RSの段：[k1、p1、k1、sl1²yo] をくり返す。
4 LC WSの段：[sl1³yo、p1、k1、p1] をくり返す。
5 DC RSの段：[k1、p1、k1、brp1⁴] をくり返す。編み地を返さず編み目をスライド。
6 LC RSの段：[k1、sl1yo、k1、p1] をくり返す。
7 LC WSの段：[k1、p1、sl1¹yo、p1] をくり返す。
8 LC RSの段：[k1、sl1²yo、k1、p1] をくり返す。
9 LC WSの段：[k1、p1、sl1³yo、p1] をくり返す。編み地を返さず編み目をスライド。
10 DC WSの段：[k1、p1、brk1⁴、p1] をくり返す。

1 LC RSの段からくり返す。

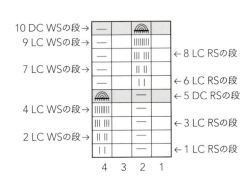

Combination Tuck Stitch

コンビネーション・タック・ステッチ

80

・変わりゴム編み状の編み地
・LCとDCの使用量は同等

RS

WS

5の倍数で作り目

1 LC RSの段：[k1、sl1yo、k1、p2] をくり返す。
2 LC WSの段：[k2、p1、sl1¹yo、p1] をくり返す。
3 DC RSの段：[sl1yo、brp1²、sl1yo、p2] をくり返す。
4 DC WSの段：[k2、brp1、k1、brp1] をくり返す。

1 LC RSの段からくり返す。

115

Combination Tuck Stitch コンビネーション・タック・ステッチ

81

・ゴム編み状の編み地
・LCの使用量はDCの3倍

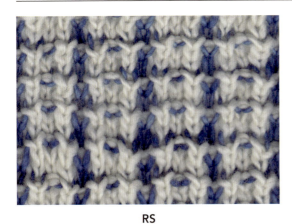
RS

WS

4の倍数で作り目

1 LC RSの段：[k3、sl1yo] をくり返す。
2 LC WSの段：[sl1^{1}yo、p3] をくり返す。
3 LC RSの段：[k1、sl1yo、k1、sl1^{2}yo] をくり返す。編み地を返さず編み目をスライド。
4 DC RSの段：[k1、brp1、k1、brp1^3] をくり返す。
5 LC WSの段：[sl1yo、p3] をくり返す。
6 LC RSの段：[k3、sl1^{1}yo] をくり返す。
7 LC WSの段：[sl1^{2}yo、p1、sl1yo、p1] をくり返す。編み地を返さず編み目をスライド。
8 DC WSの段：[brk1^3、p1、brk1、p1] をくり返す。

1 LC RSの段からくり返す。

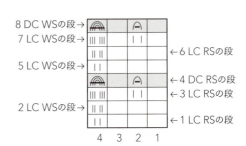

Combination Tuck Stitch コンビネーション・タック・ステッチ

82

・変わりゴム編み状の編み地
・LCの使用量はDCの3倍

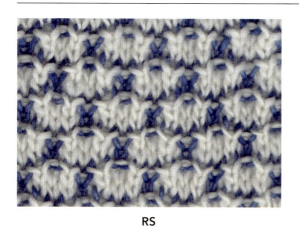

RS

WS

4の倍数で作り目

1 LC RSの段：[k3、sl1yo] をくり返す。
2 LC WSの段：[sl1¹yo、p3] をくり返す。
3 LC RSの段：[k1、sl1yo、k1、sl1²yo] をくり返す。編み地を返さず編み目をスライド。
4 DC RSの段：[k1、brp1、k1、brp1³] をくり返す。
5 LC WSの段：[p2、sl1yo、p1] をくり返す。
6 LC RSの段：[k1、sl1¹yo、k2] をくり返す。
7 LC WSの段：[sl1yo、p1、sl1²yo、p1] をくり返す。編み地を返さず編み目をスライド。
8 DC WSの段：[brk1、p1、brk1³、p1] をくり返す。

1 LC RSの段からくり返す。

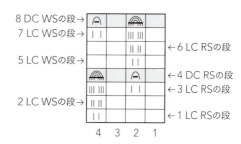

Sprig

Combination Tuck Stitch コンビネーション・タック・ステッチ

83

・乱れゴム編み状の編み地
・LCとDCの使用量は同等
・84(P.120)の配色違い

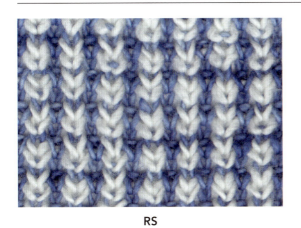
RS

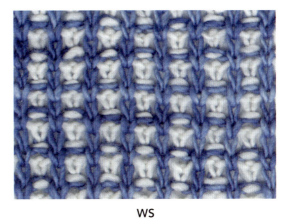
WS

2の倍数で作り目

1 LC RS の段：[p1、sl1yo] をくり返す。
2 LC WS の段：[sl1^{1}yo、p1] をくり返す。
3 DC RS の段：[sl1yo、brp1^2] をくり返す。
4 DC WS の段：[k1、brp1] をくり返す。

1 LC RS の段からくり返す。

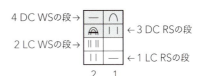

119

Combination Tuck Stitch コンビネーション・タック・ステッチ

84

- ゴム編み状の編み地
- LCの使用量はDCの3倍
- 83（P.119）の配色違い

RS

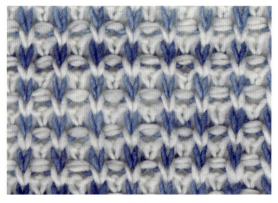
WS

2の倍数で作り目

1 LC RSの段：[p1、sl1yo] をくり返す。
2 LC WSの段：[sl1¹yo、p1] をくり返す。
3 LC RSの段：[sl1yo、brp1²] をくり返す。編み地を返さず編み目をスライド。
4 DC RSの段：[brk1、p1] をくり返す。
5 LC WSの段：[sl1yo、k1] をくり返す。
6 LC RSの段：[k1、sl1¹yo] をくり返す。
7 LC WSの段：[brk1²、sl1yo] をくり返す。編み地を返さず編み目をスライド。
8 DC WSの段：[k1、brp1] をくり返す。

1 LC RSの段からくり返す。

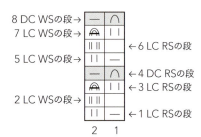

Combination Tuck Stitch コンビネーション・タック・ステッチ

85

・乱れゴム編み状の編み地
・LCとDCの使用量は同等

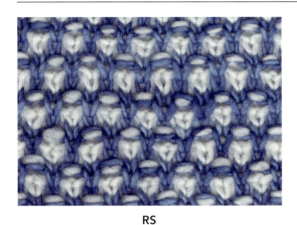
RS

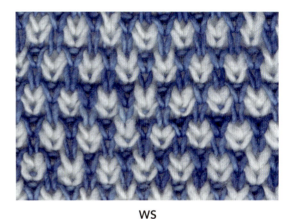
WS

2の倍数で作り目

1 **LC RS**の段：[k1、sl1yo] をくり返す。
2 **LC WS**の段：[sl1¹yo、k1] をくり返す。
3 **DC RS**の段：[sl1yo、brk1²] をくり返す。
4 **DC WS**の段：[p1、brk1] をくり返す。
5 **LC RS**の段：[sl1yo、k1] をくり返す。
6 **LC WS**の段：[k1、sl1¹yo] をくり返す。
7 **DC RS**の段：[brk1²、sl1yo] をくり返す。
8 **DC WS**の段：[brk1、p1] をくり返す。

1 LC RSの段からくり返す。

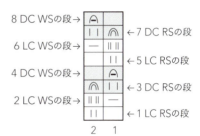

Combination Tuck Stitch コンビネーション・タック・ステッチ

86

- 変わりゴム編み状の編み地
- LCとDCの使用量は同等

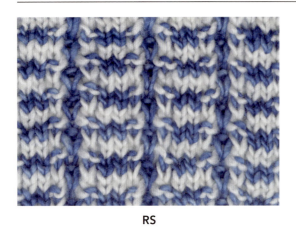

RS　　　　　　　　　　　　　WS

5の倍数で作り目

1 LC RSの段：[p1、sl1yo、p1、k2] をくり返す。
2 LC WSの段：[p3、sl1¹yo、p1] をくり返す。
3 DC RSの段：[sl1yo、brp1²、sl1yo、k2] をくり返す。
4 DC WSの段：[p2、brp1、k1、brp1] をくり返す。

1 LC RSの段からくり返す。

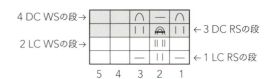

Combination Tuck Stitch コンビネーション・タック・ステッチ

87

・ゴム編み状の編み地
・LCとDCの使用量は同等

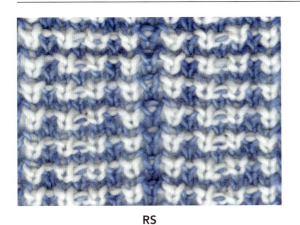

RS

WS

8の倍数で作り目

1 LC RSの段：[sl1yo、k1] をくり返す。
2 LC WSの段：〈[p1、sl1^{1}yo] を3回、p1、brk1〉をくり返す。
3 DC RSの段：[k2、brp1^2、k1、sl1^{2}yo、k1、brp1^2、k1] をくり返す。
4 DC WSの段：[p3、brk1^3、p4] をくり返す。

1 LC RSの段からくり返す。

123

Combination Tuck Stitch コンビネーション・タック・ステッチ

88

- メリヤス編みと裏メリヤス編みを組み合わせた編み地
- LCの使用量はDCの3倍
- どちらの面も同じ表情の編み地になる

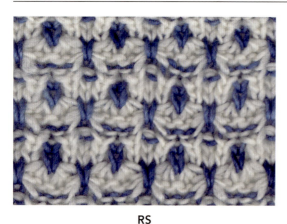
RS

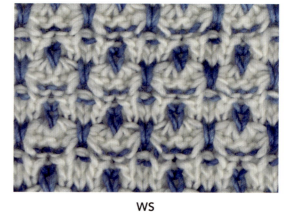
WS

4の倍数で作り目

1 LC RSの段：[k3、sl1yo] をくり返す。
2 LC WSの段：[sl1^{1}yo、p3] をくり返す。
3 LC RSの段：[k1、sl1yo、k1、sl1^{2}yo] をくり返す。編み地を返さず編み目をスライド。
4 DC RSの段：[k1、brp1、k1、brp1^3] をくり返す。
5 LC WSの段：[k2、sl1yo、k1] をくり返す。
6 LC RSの段：[p1、sl1^{1}yo、p2] をくり返す。
7 LC WSの段：[sl1yo、k1、sl1^{2}yo、k1] をくり返す。編み地を返さず編み目をスライド。
8 DC WSの段：[brp1、k1、brp1^3、k1] をくり返す。

1 LC RSの段からくり返す。

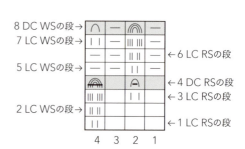

124

Combination Tuck Stitch コンビネーション・タック・ステッチ

89

・3目と1目のゴム編み状の編み地
・LCの使用量はDCの3倍

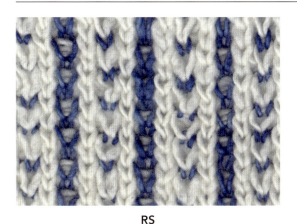

RS

WS

4の倍数で作り目

準備の DC RSの段：[k1、sl1yo、p1、sl1yo] をくり返す。
編み地を返さず編み目をスライド。

1 LC RSの段：[sl1yo、brk1] をくり返す。
2 LC WSの段：[sl1yo、sl1^{1}yo、sl1yo、brp1] をくり返す。
3 LC RSの段：[sl1yo、brk1、sl1^{2}yo、brk1] をくり返す。
4 DC WSの段：[sl1yo、brk1^3、sl1yo、brp1] をくり返す。
編み地を返さず編み目をスライド。
5 LC WSの段：[brp1、sl1yo] をくり返す。
6 LC RSの段：[brk1、sl1yo、sl1^{1}yo、sl1yo] をくり返す。
7 LC WSの段：[brp1、sl1^{2}yo、brp1、sl1yo] をくり返す。
8 DC RSの段：[brk1、sl1yo、brp1^3、sl1yo] をくり返す。
編み地を返さず編み目をスライド。

1 LC RSの段からくり返す。

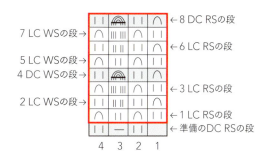

・この編み地では、2 LC WSの段や6 LC RSの段のように、3目続けてsl1yoする箇所が出てきます。3 LC RSの段を編むときには3〜4目めに渡るかけ目が4目めから外れやすい状態になります。かけ目をしっかりかけてから次の目のbrk1を編みましょう。

Variation Tuck Stitch
90

バリエーション・タック・ステッチ

・2目ゴム編み状の編み地
・LCの使用量はDCの3倍

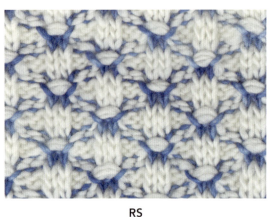
RS

WS

8の倍数で作り目

1 LC RSの段：[p2、sl2yo、p2、k2] をくり返す。
2 LC WSの段：[p2、k2、sl2^{1}yo、k2] をくり返す。
3 LC RSの段：[p2、sl2^{2}yo、p2、k2] をくり返す。編み地を返さず編み目をスライド。
4 DC RSの段：[p2、brp2^3、p2、k2] をくり返す。
5 LC WSの段：[sl2yo、k2、p2、k2] をくり返す。
6 LC RSの段：[p2、k2、p2、sl2^{1}yo] をくり返す。
7 LC WSの段：[sl2^{2}yo、k2、p2、k2] をくり返す。編み地を返さず編み目をスライド。
8 DC WSの段：[brk2^3、k2、p2、k2] をくり返す。

1 LC RSの段からくり返す。

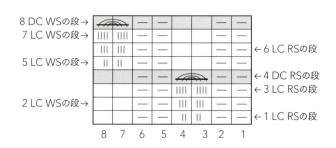

・2目続けてbrk、またはbrpを編む場面では、2目めのかけ目を落とさないように気を付けましょう。

126

Variation Tuck Stitch バリエーション・タック・ステッチ

91

・2目ゴム編み状の編み地
・LCの使用量はDCの3倍

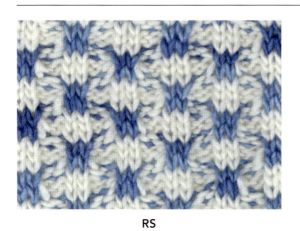

RS

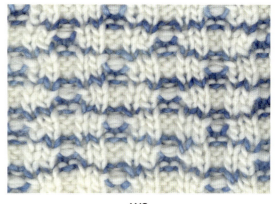

WS

8の倍数で作り目

1 LC RSの段：[p2、sl2yo、p2、k2] をくり返す。
2 LC WSの段：[p2、k2、sl2^{1}yo、k2] をくり返す。
3 LC RSの段：[p2、sl2^{2}yo、p2、k2] をくり返す。
編み地を返さず編み目をスライド。
4 DC RSの段：[p2、brk2^3、p2、k2] をくり返す。
5 LC WSの段：[sl2yo、k2、p2、k2] をくり返す。
6 LC RSの段：[p2、k2、p2、sl2^{1}yo] をくり返す。
7 LC WSの段：[sl2^{2}yo、k2、p2、k2] をくり返す。
編み地を返さず編み目をスライド。
8 DC WSの段：[brp2^3、k2、p2、k2] をくり返す。

1 LC RSの段からくり返す。

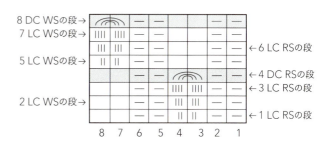

・2目続けてbrk、またはbrpを編む場面では、2目めのかけ目を落とさないように気を付けましょう。

Variation Tuck Stitch バリエーション・タック・ステッチ

92

- 2目ゴム編み状の編み地
- LCの使用量はDCの3倍

RS

WS

8の倍数で作り目

1 LC RSの段：[p2、sl2yo、p2、k2] をくり返す。
2 LC WSの段：[p2、k2、sl2^{1}yo、k2] をくり返す。
3 LC RSの段：[p2、sl2^{2}yo、p2、k2] をくり返す。編み地を返さず編み目をスライド。
4 DC RSの段：[p2、brk1^3、かけ目を手前にした倒した状態でk1、p2、k2] をくり返す。
5 LC WSの段：[sl2yo、k2、p2、k2] をくり返す。
6 LC RSの段：[p2、k2、p2、sl2^{1}yo] をくり返す。
7 LC WSの段：[sl2^{2}yo、k2、p2、k2] をくり返す。編み地を返さず編み目をスライド。
8 DC WSの段：[brp1^3、かけ目を向こう側に落とした状態でp1、k2、p2、k2] をくり返す。

1 LC RSの段からくり返す。

= かけ目をよける

4 DC RSの段の3、4目めの編み方

3目めのbrk1^{3}は、すべり目と3つのかけ目を一緒に表目で編みます。

4目めのk1は、上にかかっているかけ目を手前に倒し、下のすべり目を表目で編みます。すべり目は左針から落とします。

8 DC WSの段の1、2目めの編み方

1目めのbrp1^{3}は、すべり目と3つのかけ目を一緒に裏目で編みます。

2目めのp1は、3つのかけ目を左針から落としてからすべり目を裏目で編みます。

Variation Tuck Stitch バリエーション・タック・ステッチ

93

- 2目ゴム編み状の編み地
- LCとDCの使用量は同等

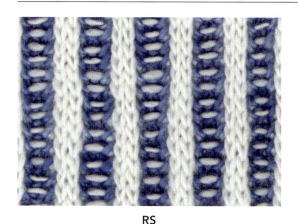

RS

WS

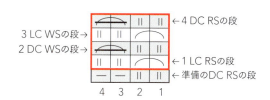

4の倍数で作り目

準備のDC RSの段：[sl2yo、p2] をくり返す。編み地を返さず編み目をスライド。

1 LC RSの段：[brk2、sl2yo] をくり返す。
2 DC WSの段：[brk2、sl2yo] をくり返す。編み地を返さず編み目をスライド。
3 LC WSの段：[sl2yo、brp2] をくり返す。
4 DC RSの段：[sl2yo、brp2] をくり返す。編み地を返さず編み目をスライド。

1 LC RSの段からくり返す。

- 2目続けてbrk、またはbrpを編む場面では、2目めのかけ目を落とさないように気を付けましょう。

129

Variation Tuck Stitch バリエーション・タック・ステッチ

94

- 2目と2目の縦方向の編み地
- LCとDCの使用量は同等
- どちらの面も同じ表情の編み地になる

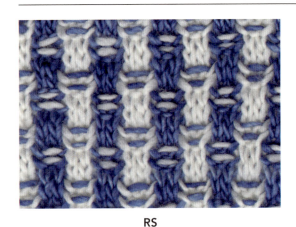

RS

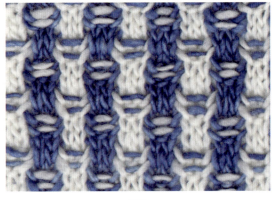

WS

4の倍数で作り目

準備の DC RSの段：[sl2yo、p2]をくり返す。編み地を返さず編み目をスライド。

1 LC RSの段：[brk2、sl2yo]をくり返す。
2 DC WSの段：[brk2、sl2yo]をくり返す。編み地を返さず編み目をスライド。
3 LC WSの段：[sl2yo、brp2]をくり返す。
4 DC RSの段：[sl2yo、brp2]をくり返す。編み地を返さず編み目をスライド。
5 LC RSの段：[brp2、sl2yo]をくり返す。
6 DC WSの段：[brp2、sl2yo]をくり返す。編み地を返さず編み目をスライド。
7 LC WSの段：[sl2yo、brk2]をくり返す。
8 DC RSの段：[sl2yo、brk2]をくり返す。編み地を返さず編み目をスライド。

1 LC RSの段からくり返す。

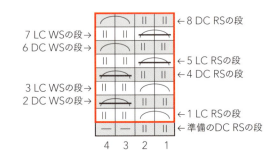

- ここではbrpとbrkを4段毎に入れ替えていますが（4段編んでいますが、実際に表目として見えるのは2段）、8段毎に替えても、2段毎→4段毎→8段毎と変化をつけて楽しむこともできる、とても融通の利く編み地です。
- 2目続けてbrk、またはbrpを編む場面では、2目めのかけ目を落とさないように気を付けましょう。

Variation Tuck Stitch バリエーション・タック・ステッチ

95

・3目と3目の格子状の編み地
・LCの使用量はDCの3倍

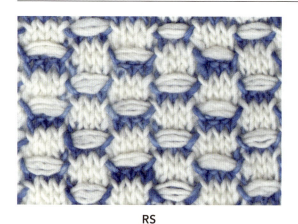

RS

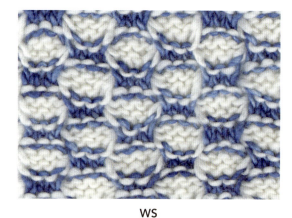

WS

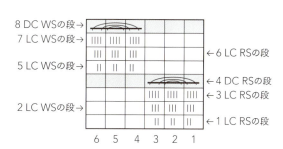

6の倍数で作り目

1 LC RSの段：[sl3yo、k3] をくり返す。
2 LC WSの段：[p3、sl3¹yo] をくり返す。
3 LC RSの段：[sl3²yo、k3] をくり返す。編み地を返さず編み目をスライド。
4 DC RSの段：[brp3³、k3] をくり返す。
5 LC WSの段：[sl3yo、p3] をくり返す。
6 LC RSの段：[k3、sl3¹yo] をくり返す。
7 LC WSの段：[sl3²yo、p3] をくり返す。編み地を返さず編み目をスライド。
8 DC WSの段：[brk3³、p3] をくり返す。

1 LC RSの段からくり返す。

・3目続けてbrk、またはbrpを編む場面では、2目めと3目めのかけ目を落とさないように気を付けましょう。

131

Extreme Tuck Stitch

エクストリーム・タック・ステッチ

96

- メリヤス編み状の編み地
- LCの使用量はDCの6倍

RS

WS

4の倍数で作り目

1 LC RSの段：[sl1yo、k3] をくり返す。
2 LC WSの段：[p3、sl1^{1}yo] をくり返す。
3 LC RSの段：[sl1^{2}yo、k3] をくり返す。
4 LC WSの段：[p3、sl1^{3}yo] をくり返す。
5 LC RSの段：[sl1^{4}yo、k3] をくり返す。
6 LC WSの段：[p3、sl1^{5}yo] をくり返す。
7 DC RSの段：[brk1^6、k3] をくり返す。編み地を返さず編み目をスライド。
8 LC RSの段：[k2、sl1yo、k1] をくり返す。
9 LC WSの段：[p1、sl1^{1}yo、p2] をくり返す。
10 LC RSの段：[k2、sl1^{2}yo、k1] をくり返す。
11 LC WSの段：[p1、sl1^{3}yo、p2] をくり返す。
12 LC RSの段：[k2、sl1^{4}yo、k1] をくり返す。
13 LC WSの段：[p1、sl1^{5}yo、p2] をくり返す。編み地を返さず編み目をスライド。
14 DC WSの段：[p1、brp1^6、p2] をくり返す。

1 LC RSの段からくり返す。

Extreme Tuck Stitch エクストリーム・タック・ステッチ

97

- 変わりゴム編みとガーター編みを組み合わせた編み地
- LCの使用量はDCの8倍

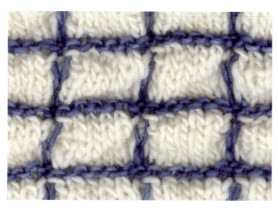

RS

WS

6の倍数で作り目

1 LC RSの段：[sl1yo、k5] をくり返す。
2 LC WSの段：[p5、sl1^{1}yo] をくり返す。
3 LC RSの段：[sl1^{2}yo、k5] をくり返す。
4 LC WSの段：[p5、sl1^{3}yo] をくり返す。
5 LC RSの段：[sl1^{4}yo、k5] をくり返す。
6 LC WSの段：[p5、sl1^{5}yo] をくり返す。
7 LC RSの段：[sl1^{6}yo、k5] をくり返す。
8 LC WSの段：[p5、sl1^{7}yo] をくり返す。
9 DC RSの段：[brp1^8、k5] をくり返す。
10 DC WSの段：kで1段編む。

1 LC RSの段からくり返す。

Projects
作品集

糸の色や素材を変えて編むと全く違った印象に仕上がります。しかし、洗練された模様の美しさが変わることはありません。

Chain Mail

チェーンメール

サンプル作品

仕上がり寸法	幅23cm×長さ146cm
使用糸	Hedgehog Fibres／Skinny Singles（メリノウール100%／100g＝335m） LC＝Salty Tail／1カセ DC＝Graphite／1カセ LCとDCの使用量は同等
作品重量	200g
使用針	3mmの両先が尖った2本棒針、または長さ40cmの輪針
用具	ステッチマーカー
ゲージ	32目×45段＝10cm四方

編み方

2色のItalian Cast On（P.8）で、1目めはLCの表目、最後はDCの裏目になるように72目作ります。

袋編みのLC WSの段：sl1、p1、[sl1wyib、p1]、[〜] を段の最後までくり返す。編み地を返さず編み目をスライド。
袋編みのDC WSの段：[k1、sl1wyif] をくり返す。

編み始めの縁編みを編みます。
縁編みの編み図（P.139）参照

縁編みの1 LC RSの段：[k1、sl1yo、k1、p1、sl1yo、p1] をくり返す。編み地を返さず編み目をスライド。
縁編みの2 DC RSの段：[k1、brp1、k1、p1、brk1、p1] をくり返す。
縁編みの3 LC WSの段：[k1、sl1yo、k1、p1、sl1yo、p1] をくり返す。編み地を返さず編み目をスライド。
縁編みの4 DC WSの段：[k1、brp1、k1、p1、brk1、p1] をくり返す。

縁編みの1LC RSの段〜縁編みの4DC WSの段をあと3回くり返す。
本体を編み始めます。
本体の編み図（P.139）参照

※DCで編み始める
1 DC RSの段：[p1、sl1yo、p1、k1、sl1yo、k1] をくり返す。編み地を返さず編み目をスライド。
2 LC RSの段：[p1、brk1、p1、k1、brp1、k1] をくり返す。
3 DC WSの段：[p1、sl1yo、p1、k1、sl1yo、k1] をくり返す。編み地を返さず編み目をスライド。
4 LC WSの段：[p1、brk1、p1、k1、brp1、k1] をくり返す。

パターンについて

・6目をくり返す模様です。
・どちらの面も同じ表情に仕上がります。
・作り目の方法を変える場合には、LCを親指、DCを人差し指にかけてTwo Color Long Tail Cast On（P.9）で作りましょう。この場合は、袋編みの段は省略します。
・編み地のRSにマーカーを付けておきましょう。
・この作品にのみ使用する略語が出てきます。それぞれの解説は巻末を参照してください。

1 DC RSの段〜4 LC WSの段をあと2回くり返す（5 DC RSの段〜12 LC WSの段を編む）。

13 DC RSの段：[k1、sl1yo、k1、p1、sl1yo、p1] をくり返す。編み地を返さず編み目をスライド。
14 LC RSの段：[k1、brp1、k1、p1、brk1、p1] をくり返す。
15 DC WSの段：[k1、sl1yo、k1、p1、sl1yo、p1] をくり返す。編み地を返さず編み目をスライド。
16 LC WSの段：[k1、brp1、k1、p1、brk1、p1] をくり返す。

13 DC RSの段〜16 LC WSの段をあと2回くり返す。

[1 DC RSの段〜4 LC WSの段を3回くり返し、13 DC RSの段〜16 LC WSの段を3回くり返す] をお好みの長さになるまでくり返す。1 DC RSの段〜4 LC WSの段を3回くり返し、最後は4 LC WSの段で終わる。

編み終わりの縁編みを編み始めと同様に編みます。
縁編みの1 LC RSの段（※LCで編みはじめる）〜縁編みの4 LC WSの段を4回くり返す。
袋編みを編み始めます。

袋編みのLC RSの段：[k1、sl1wyif] をくり返す。編み地を返さず編み目をスライド。
袋編みのDC RSの段：[sl1wyib、p1] をくり返す。

LCのItalian Bind Off（P.20）、または作り目に合う止め方で止めます。糸始末をしてお好みの方法でブロッキングしてください。
サンプル作品は軽くスチームアイロンをかけました。

縁編みの編み図

縁編みの1 LC RSの段～縁編みの4 DC WSの段を4回くり返す

本体の編み図

1 DC RSの段～4 LC WSの段のあとに13 DC RSの段～16 LC WSの段を3回くり返す

13 DC RSの段～16 LC WSの段のあとに1 DC RSの段～4 LC WSの段を3回くり返す

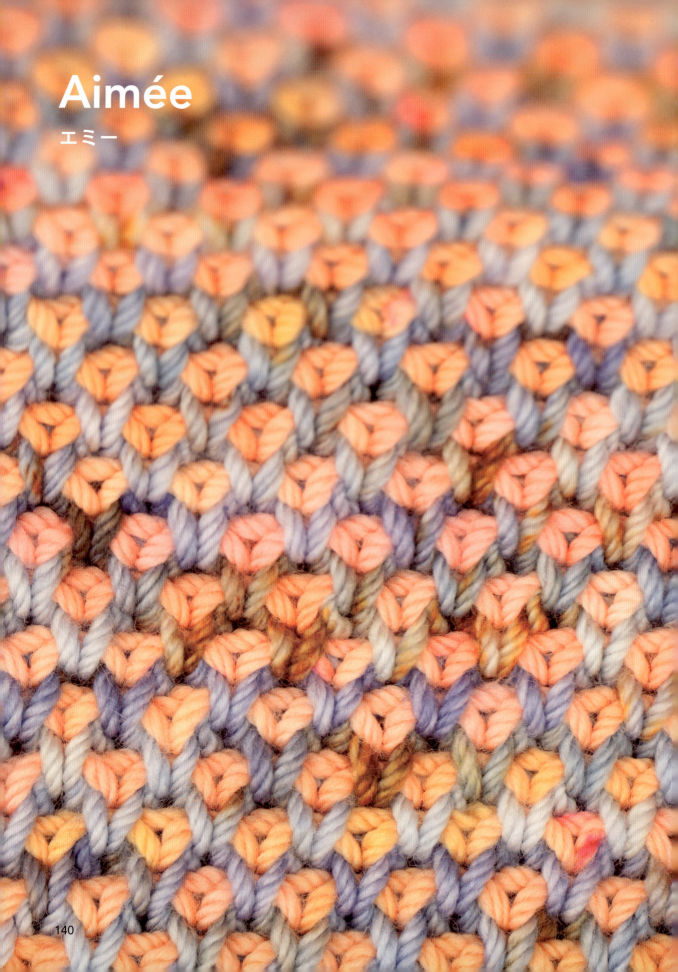

Aimée
エミー

引き上げ模様の中でもシンプルなものを使ったスヌード。印象的な手染め糸を使用すると複雑な模様に見えます。表裏どちらの面も美しく仕上がるので、スヌードやスカーフの模様に最適です。

Aimée

エミー

サンプル作品

仕上がり寸法	長さ33cm×周囲50〜68cm
使用糸	La Bien Aimée／Merino DK（手染めのスーパーウォッシュメリノ100%／115g＝230m） LC＝Tang／1カセ DC＝Le Littora／1カセ LCとDCの使用量は同等
作品重量	130g
使用針	4mmの輪針（長さ40cm）
用具	ステッチマーカー
ゲージ	18目×34段＝10cm四方

パターンについて

・2目をくり返す模様です。
・段の最初の目と最後の目の間にマーカーを入れておきましょう。
・襟から裾に向かって広がります。
・増し目は後ろの境目部分で行います。
・この作品にのみ使用する略語が出てきます。それぞれの解説は巻末を参照してください。

編み方

Two Color Long Tail Cast On（P.9）で、LCを親指、DCを人差し指にかけて90目作り、輪にします。

準備の1 LCの段：pで1段編む。
準備の2 DCの段：kで1段編む。

引き上げ模様を編みます。
編み図参照

1 LCの段：[k1、sl1yo]をくり返す。LCを手前においておく。
2 DCの段：[k1、brp1]をくり返す。DCを手前においておく。
3 LCの段：[sl1yo、k1]をくり返す。LCを向こう側においておく。
4 DCの段：[brp1、k1]をくり返す。DCを向こう側においておく。

1 LCの段〜4 DC段をあと5回くり返し（約7.5cm）、1 LCの段〜2 DC段を編む。
増し目の段を編みます。

増し目の3 LCの段：sl1yo、kyok、[sl1yo、k1]、[〜]を段の最後に4目残るまでくり返し、sl1yo、kyok、sl1yo、k1。LCは向こう側においておく。
増し目の4 DCの段：brp1、k1、p1、k1、[brp1、k1]、[〜]を段の最後に6目残るまでくり返し、brp1、k1、p1、k1、brp1、k1。DCは向こう側においておく。

続けて〈1 LCの段〜4 DCの段を輪に編みながら3回くり返し、増し目の3LCの段〜増し目の4 DCの段を編む〉、〈〜〉をあと6回くり返す（目数が118目になります）。
長さが32.5cm、またはお好みの長さになるまで、1 LCの段〜4 DCの段を編み、仕上げの段を編みます。

仕上げの1 LCの段：pで1段編む。
仕上げの2 DCの段：kで1段編む。

LCのStem Stitch Bind Off（P.21）で止めます。糸始末をしてお好みの方法でブロッキングしてください。
サンプル作品は軽くスチームアイロンをかけました。

編み図

	⌒	←4 DCの段
	l l	←3 LCの段
⌒		←2 DCの段
l l		←1 LCの段

2　1

Aix
エックス

うっとりするような大胆なショールは糸の柔らかさと引き上げ編みの組み合わせで実現しました。増し目と減目でできるスタイリッシュなシェブロン（山型）模様によってデザイン性が高まります。

Aix

エックス

サンプル作品

仕上がり寸法	幅33cm×長さ213cm
使用糸	Phildar Phil／Soft +
	(ウール63%、アルパカ27%、ポリアミド 10%／25g＝88m)
	LC＝Lin／7カセ
	DC＝Anthracite／4カセ
	LCの使用量はDCの2倍
作品重量	250g
使用針	4.5mmの輪針(長さ60cm)
用具	取り外し可能なマーカー、またはなわ編み針
ゲージ	±14目×45段＝10cm四方

パターンについて

・作り目の方法を変える場合は、LCを親指、DCを人差し指にかけて Two Color Long Tail Cast on (P.9) で作りましょう。
・この作品にのみ使用する略語が出てきます。それぞれの解説は巻末を参照してください。

編み方

2色の Italian Cast On (P.8) で、最初と最後の目がLCの表目になるように71目作ります。

準備の段を編み始めます。
準備の編み図(P.147)参照

準備の1 LC WSの段：p1、[sl1yo、p1]、[〜]をくり返す。編み地を返さず編み目をスライド。
準備の2 DC WSの段：sl1、brk1、[p1、brk1]、[〜]を最後に1目残るまでくり返し、sl1。
準備の3 LC RSの段：k1、[sl1yo、k1]、[〜]をくり返す。
準備の4 LC WSの段：p1、[sl1¹yo、p1]、[〜]をくり返す。
準備の5 DC RSの段：sl1、[brp1²、k1]、[〜]を最後に2目残るまでくり返し、brp1²、sl1。編み地を返さず編み目をスライド。
準備の6 LC RSの段：k1、[sl1yo、k1]、[〜]をくり返す。
準備の7 LC WSの段：p1、[sl1¹yo、p1]、[〜]をくり返す。編み地を返さず編み目をスライド。
準備の8 DC WSの段：sl1、[brk1²、p1]、[〜]を最後に2目残るまでくり返し、brk1²、sl1。

くり返しの模様を編みます。
くり返しの編み図(P.147)参照

1 LC RSの段：k1、sl1yo、Rsl dec、sl1yo、[k1、sl1yo]

を4回、4st inc、sl1yo、[k1、sl1yo]を7回、4st dec、sl1yo、[k1、sl1yo]を3回、4st inc、sl1yo、[k1、sl1yo]を4回、Lsl dec、sl1yo、Rsl dec、sl1yo、[k1、sl1yo]を4回、kyok、sl1yo、k1。
2 LC WSの段：p1、sl1¹yo、p1、sl1yo、[p1、sl1¹yo]を11回、[p1、sl1yo]を2回、[p1、sl1¹yo]を12回、[p1、sl1yo]を2回、[p1、sl1¹yo]を6回、p1。
3 DC RSの段：sl1、[brp1²、k1]を6回、[brp1、k1]を2回、[brp1²、k1]を12回、[brp1、k1]を2回、[brp1²、k1]を11回、brp1、k1、brp1²、DCを手前において、sl1。編み地を返さず編み目をスライド。
4 LC RSの段：[k1、sl1yo]を最後に1目残るまでくり返し、k1。
5 LC WSの段：p1、[sl1¹yo、p1]、[〜]をくり返す。編み地を返さず編み目をスライド。
6 DC WSの段：sl1、[brk1²、p1]、[〜]を最後に2目残るまでくり返し、brk1、DCを向こう側において、sl1。

お好みの長さになるまで1 LC RSの段からくり返し、最後は6 DC WSの段で終わる。

LCの Italian Bind Off (P.20)、または作り目に合う方法で止めます。糸始末をしてお好みの方法でブロッキングしてください。
サンプル作品は軽くスチームアイロンをかけました。

くり返しの編み図

←4 LC RCの段
←3 DC RSの段

←1 LC RCの段

6 DC WSの段 →
5 LC WSの段 →

2 LC WSの段 →

準備の編み図

準備の8 DC WSの段 →
準備の7 LC WSの段 →

←準備の6 LC RSの段
←準備の5 DC RSの段

準備の4 LC WSの段 →

←準備の3 LC RSの段

準備の2 DC WSの段 →
準備の1 LC WSの段 →

Powderpuff
パウダーパフ

1つの模様の表側と裏側を断続的に入れ替えています。手染めの合太糸とモヘアシルクの細い糸を組み合わせて引き上げ編みを編むとそれぞれの面の質感が異なるので、まるで別の模様のように仕上がります。

Powderpuff

パウダーパフ

サンプル作品

仕上がり寸法		幅33㎝×長さ147㎝
使用糸	LC	Hedgehog Fibres／Sporty Merino
		（メリノウール100%／100g=±400m）
		Whisper／1カセ
	DC	Drops／Kid-Silk
		（モヘアスーパーキッド75%、シルク25%
		／25g=±200m）
		09 (light lavender grey)／2玉
作品重量		130g

使用針	3.5㎜の両先が尖った2本棒針、または長さ40㎝の輪針
用具	ステッチマーカー
ゲージ	21.5目×34段＝10㎝四方

パターンについて

・3目のくり返し＋2目の模様です。
・編み地のRSにマーカーを付けておきましょう。

編み方

LCのItalian Cast On（P.8）で最初の目が表目、最後の目が裏目になるように74目作ります。

準備の1 LC WSの段：[k1、p1]をくり返す。DCを付ける。
準備の2 DC RSの段：[k2、p1]を段の最後に2目残るまでくり返し、k2。
準備の3 DC WSの段：[p2、k1]を段の最後に2目残るまでくり返し、p2。

Powderpuff Aを編み始める。
Powderpuff Aの編み図参照

1 LC RSの段：[k2、sl1yo]を段の最後に2目残るまでくり返し、k2。
2 LC WSの段：p2、[sl1^{1}yo、p2]、[〜]をくり返す。
3 DC RSの段：[k2、brp1^2]を段の最後に2目残るまでくり返し、k2。
4 DC WSの段：p2、[k1、p2]、[〜]をくり返す。

長さ28㎝になるまで1 LC RSの段〜4 DC WSの段をくり返す。サンプル作品は準備の段を編んだ後に、1LC RSの段〜4 DC WSの段を23回くり返しました（23模様）。

Powderpuff Bに切り替えます。
Powderpuff Bの編み図参照
（Powderpuff Aを反転させた模様で、表目は裏目、裏目は表目にして編みます）

1 LC RSの段*：[p2、sl1yo]を段の最後に2目残るまでくり返し、p2。
2 LC WSの段：k2、[sl1^{1}yo、k2]、[〜]をくり返す。
3 DC RSの段：[p2、brk1^2]を段の最後に2目残るまでくり返し、p2。
4 DC WSの段*：k2、[p1、k2]、[〜]をくり返す。

Powderpuff Bの編み地の長さが28㎝になるまで1 LC RSの段*〜4 DC WSの段*をくり返す。サンプル作品では、1LC RSの段*〜4 DC WSの段*を23回くり返しました（23模様）。

Powderpuff Aに切り替え、28㎝編む。サンプル作品では23模様編みました。
Powderpuff Bに切り替え、28㎝編む。サンプル作品では23模様編みました。
最後にPowderpuff Aに切り替え、28㎝編む。サンプル作品では23模様編みました。

仕上げのLC RSの段：[k1、p1]をくり返す。

LCのItalian Bind Off（P.20）で止めます。糸始末をしてお好みの方法でブロッキングしてください。
サンプル作品は軽くスチームアイロンをかけました。

Powderpuff Aの編み図

Powderpuff Bの編み図

細いウールの糸を太めの針で編むと軽いレースのような編み地に仕上がります。この組み合わせでシンプルな引き上げ模様を編むと美しいドレープが生まれます。着用すると心地よく、上品さを演出してくれます。

Sprig

スプリグ

サンプル作品

仕上がり寸法	周囲96cm×長さ36cm
使用糸	Brooklyn Tweed's／Plains（極細） （アメリカンウール100％／50g=402m） LC＝Rainier／1カセ DC＝Porter／1カセ LCとDCの使用量は同等
作品重量	60g
使用針	3.75mmの2本棒針（作り目用）、3.75mmの輪針（長さ60cm）
用具	ステッチマーカー
ゲージ	±17.5目×40段＝10cm四方

編み方

棒針を使って、2色のItalian Cast On（P.8）で、1目めがLCの表目になるよう168目作ります。目がねじれないように気を付けましょう。

編み地を返し、WSから袋編みを2段平編みします。

袋編みの1 LC WSの段：sl1、[p1、sl1wyib]、[〜]を段の最後に1目残るまでくり返す、p1。編み地を返さず編み目をスライド。

袋編みの2 DC WSの段：[k1、sl1wyif]をくり返す。

編み地を返し、輪針に持ち替えて1LCの段が編み終わり、2LCの段を編み始める時に輪に編みます。

引き上げ模様を編み始めます。
編み図参照

1 LCの段：[p1、sl1yo]をくり返す。
2 LCの段：[k1、sl1¹yo]をくり返す。LCを編み地の手前において糸を持ち替える。
3 DCの段：[sl1yo、brp1²]をくり返す。
4 DCの段：[brk1、p1]をくり返す。DCを編み地の手前において糸を持ち替える。

お好みの長さになるまで1 LCの段からくり返し、最後は4 DCの段で終わる。

袋編みをして仕上げます。

袋編み1 DCの段：[k1、sl1wyif]をくり返す。
袋編み2 LCの段：[sl1wyib、p1]をくり返す。

パターンについて

- 2目をくり返す模様です。
- 段の最初の目と最後の目の間にマーカーを入れておきましょう。
- 色替えをする際に、糸を交差させないように気をつけましょう。次に使用する色の糸は、今まで使っていた糸の下になるように持ち替えます。
- 作り目の方法を変える場合には、LCを指でかけて作る作り目をおすすめします。
- この作品にのみ使用する略語が出てきます。それぞれの解説は巻末を参照してください。

DCのItalian Bind Off（P.20）、または作り目の方法に合った方法で止めます。編みはじめの平編みの部分を糸端でとじ合わせます。糸始末をしてお好みの方法でブロッキングしてください。

サンプル作品は水通しをして仕上げました。

編み図

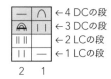

※作り目のあと、すぐに輪にして編む場合、次のように袋編みを輪に編みます。
輪に編む袋編みの1 LCの段：[k1、sl1wyif]をくり返す。
輪に編む袋編みの2 DCの段：[sl1wyib、p1]をくり返す。

Persimmon
パーシモン

美しいシルクモヘアのショールほど、心をときめかせてくれるものはありません。シンプルなゴム編み状の引き上げ模様は平らに安定しながらも、華麗に染め上げられた糸のおかげでどちらの面も違った質感に仕上がります。

Persimmon

パーシモン

サンプル作品

仕上がり寸法　幅33cm×長さ166cm
使用糸　　LC　La Bien Aimée／Mohair
　　　　　　　（モヘア70％、シルク30％／50g＝500m）
　　　　　　　Tang／1カセ
　　　　　DC　Neighborhood Fiber Co.／Loft
　　　　　　　（キッドモヘア60％、シルク40％／28.3g
　　　　　　　＝302m）
　　　　　　　Edgewood／1カセ
　　　　　　　LCの使用量はDCの3倍
作品重量　　53g

使用針　　4.5mmの両先が尖った2本棒針、または
　　　　　長さ40cmの輪針
用具　　　ステッチマーカー
ゲージ　　16目×29段＝10cm四方

パターンについて

- 5目のくり返し＋2目の模様です。
- 編み地のRSにマーカーをつけておきましょう。

編み方

Two Color Long Tail Cast on（P.9）で、DCを親指に、LCを人差し指にかけて52目作ります。

1 DC WSの段：k2、[p3、k2]、[〜]をくり返す。編み地を返さず編み目をスライド。
2 LC WSの段：k2、[p3、k2]、[〜]をくり返す。

引き上げ模様を編み始めます。
編み図参照

準備のDC RSの段：[p2、sl1yo、k1、sl1yo]を段の最後に2目残るまでくり返し、p2。編み地を返さず編み目をスライド。

1 LC RSの段：[p2、sl1^{1}yo、k1、sl1^{1}yo]を段の最後に2目残るまでくり返し、p2。
2 LC WSの段：k2、[sl1^{2}yo、p1、sl1^{2}yo、k2]、[〜]をくり返す。
3 LC RSの段：[p2、sl1^{3}yo、k1、sl1^{3}yo]を段の最後に2目残るまでくり返し、p2。
4 DC WSの段：k2、[brp1^4、sl1yo、brp1^4、k2]、[〜]をくり返す。編み地を返さず編み目をスライド。
5 LC WSの段：k2、[p1、sl1^{1}yo、p1、k2]、[〜]をくり返す。
6 LC RSの段：[p2、k1、sl1^{2}yo、k1]を段の最後に2目残るまでくり返し、p2。
7 LC WSの段：k2、[p1、sl1^{3}yo、p1、k2]、[〜]をくり返す。
8 DC RSの段：[p2、sl1yo、brk1^4、sl1yo]を段の最後に2目残るまでくり返し、p2。編み地を返さず編み目をスライド。

お好みの長さになるまで1 LC RSの段からくり返し、最後は3 LC RSの段で終わる。

仕上げの段を編みます。

仕上げのDC WSの段：k2、[brp1、p1、brp1、k2]、[〜]をくり返す。編み地を返さず編み目をスライド。
仕上げのLC WSの段：k2、[p3、k2]、[〜]をくり返す。

DCのStem Stitch Bind Off（P.21）で止めます。糸始末をしてお好みの方法でブロッキングしてください。
サンプル作品は軽くスチームアイロンをかけました。

編み図

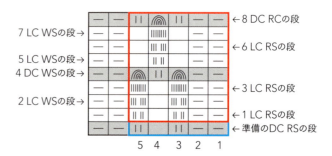

158

Plovers
チドリ

3つの編み地で構成されているスカーフ。1つ目と3つ目は同じ模様を色違いで編みます。真ん中の編み地は模様が異なります。どの編み地も糸や色を替えて楽しめます。編み地を正方形に編み、切り替えの回数を増やすこともできます。同時に色や模様を入れ替えてアレンジしてみましょう。

Plovers

チドリ

サンプル作品

仕上がり寸法	幅27.5cm×長さ167cm
使用糸	Hedgehog Fibres／Skinny Singles（メリノウール100%／100g = 366m）LC＝Crystal／1カセ MC＝Cinder／1カセ DC＝Graphite／25g ※MC（Middle Color）＝中間の色
作品重量	210g

使用針	3mmの両先が尖った2本棒針、または長さ40cmの輪針
用具	ステッチマーカー
ゲージ	Plovers Aで23目×52段＝10cm四方

パターンについて

・4目のくり返し＋1目です。
・編み地のRSにマーカーを付けておきましょう。

編み方

MCのItalian Cast On（P.8）で、1目めは表目、最後の目は裏目になるよう65目作ります。

Plovers Aを編み始めます。
Plovers Aの編み図（P.163）参照

準備の1 MC RSの段：[k1、sl1yo] を段の最後に1目残るまでくり返し、k1。
準備の2 MC WSの段：p1、[sl1^{1}yo、p1、brk1、p1]、[～] をくり返す。
1 LC RSの段：[k1、sl1yo、k1、sl1^{2}yo] を段の最後に1目残るまでくり返し、k1。
2 LC WSの段：p1、[brk1^3、p1、sl1^{1}yo、p1]、[～] をくり返す。
3 MC RSの段：[k1、sl1^{2}yo、k1、sl1yo] を段の最後に1目残るまでくり返し、k1。
4 MC WSの段：p1、[sl1^{1}yo、p1、brk1^3、p1]、[～] をくり返す。

編み地の長さが23cmになるまで1 LC RSの段〜4 MC WSの段をくり返し、最後に1 LC RSの段〜3 MC RSの段まで編む。

Plovers Bに切り替えます。
Plovers Bの編み図（P.163）参照

Plovers Aの最後の4 MC WSの段：p1、[brk1、p1、brk1^3、p1]、[～] をくり返す。
準備の1 LC RSの段：[k1、sl1yo、k2] を段の最後に1目残るまでくり返し、k1。
準備の2 LC WSの段：p1、[p2、sl1^{1}yo、p1]、[～] をくり返す。
準備の3 MC RSの段：[k1、brp1^2、k1、sl1yo] を段の最後に1目残るまでくり返し、k1。編み地を返さず編み目をスライド。
1 LC RSの段：[k3、sl1^{1}yo] を段の最後に1目残るまでくり返し、k1。
2 LC WSの段：p1、[sl1^{2}yo、p3]、[～] をくり返す。編み地を返さず編み目をスライド。
3 MC WSの段：p1、[brk1^3、p1、sl1yo、p1]、[～] をくり返す。
4 LC RSの段：[k1、sl1^{1}yo、k2] を段の最後に1目残るまでくり

返し、k1。
5 LC WSの段：p1、[p2、sl1^{2}yo、p1]、[～] をくり返す。
6 MC RSの段：[k1、brp1^3、k1、sl1yo] を段の最後に1目残るまでくり返し、k1。編み地を返さず編み目をスライド。

Plovers Bの長さが111cmになるまで1 LC RSの段〜6 MC RSの段をくり返し、最後に1 LC RSの段〜2 LC WSの段を編む。

Plovers Cに切り替えます。
Plovers C（P.163）参照
この最後の模様はPlovers Aと同じですが、LCを3色めのDCに置き換えています。

Plovers Bの最後の3 MC WSの段：p1、[brk1^3、p3]、[～] をくり返す。
準備の1 DC RSの段：[k1、sl1yo] を段の最後に1目残るまでくり返し、k1。
準備の2 DC WSの段：p1、[brk1、p1、sl1^{1}yo、p1] [～] をくり返す。
1 MC RSの段：[k1、sl1^{2}yo、k1、sl1yo] を段の最後に1目残るまでくり返し、k1。
2 MC WSの段：p1、[sl1^{1}yo、p1、brk1^3、p1]、[～] をくり返す。
3 DC RSの段：[k1、sl1yo、k1、sl1^{2}yo] を段の最後に1目残るまでくり返し、k1。
4 DC WSの段：p1、[brk1^3、p1、sl1^{1}yo、p1]、[～] をくり返す。

Plovers Cの長さが33cmになるまで1 MC RSの段〜4 DC WSの段をくり返し、最後に1 MC RSの段〜3 DC RSの段まで編む。続けて次の段を最後に編みます。

Plovers Cの最後の4 DC WSの段：p1、[brk1、p1、brk1、p1]、[～] をくり返す。

LCのItalian Bind Off（P.20）で止めます。糸始末をしてお好みの方法でブロッキングしてください。
サンプル作品は軽くスチームアイロンをかけました。

162

Plovers Aの編み図

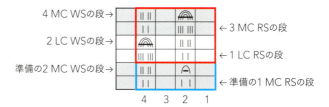

Plovers Bの編み図

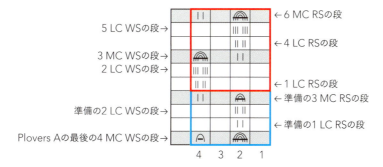

Plovers Cの編み図

163

Retro Check
レトロチェック

定番のガーター編みとリネンステッチを含む5つのシンプルな模様のブランケット。編み進めるに従って、色替えをし、模様は斜めに移り変わります。

Retro Check

レトロチェック

サンプル作品

仕上がり寸法	幅109cm × 長さ117cm
使用糸	Quince & Co/Osprey
	（アメリカンウール100%／100g = 155m）
	全11色、各色1カセ
	A色（LC）= Nasturtium
	B色（DC）= Malbec
	C色（LC）= Apricot
	D色（DC）= Barolo
	E色（LC）= Carrie's Yellow
	F色（DC）= Gingerbread
	G色（LC）= Honey
	H色（DC）= Fox
	I色（LC）= Wasabi
	J色（DC）= Poppy
	K色（LC）= Boreal
作品重量	800g

使用針	6mmの輪針（長さ80cm）
用具	ステッチマーカー
ゲージ	ガーター編みで12目×23段 = 10cm四方

パターンについて

- 全て4段のくり返し、1ブロックは25目です。
- 5模様のブロック（125目）の両端に3目ずつガーター編みをします。
- 編み地のRSにマーカーを付けておきましょう。
- 編み始めの指示通り、作り目の後にガーター編みを編むため、糸端は通常ならば表側を見て右側にありますが、左側になります。
- 模様3はリネンステッチです。この模様は編み地がきつくなりやすいので緩めに編みましょう。ブロッキング後に安定します。
- この作品にのみ使用する略語が出てきます。それぞれの解説は巻末を参照してください。

編み方

Two Color Long Tail Cast On（P.9）で、LCを親指、DCを人差し指にかけて131目作ります。

縁を編み始めます。
準備のLC（A色）RSの段：kで1段編む。編み地を返さず編み目をスライド。
準備のDC（B色）RSの段：pで1段編む。
準備のLC（A色）WSの段：pで1段編む。編み地を返さず編み目をスライド。
準備のDC（B色）WSの段：k3、pm、[k25、pm]、[〜]を段の最後に3目残るまでくり返し、k3。

ブロックⓐを編み始めます。
編み図（P.168）参照

1 LC RSの段：k3、sm、模様1の25目を編む、sm、模様2の25目を編む、sm、模様3の25目を編む、sm、模様4の25目を編む、sm、模様5の25目を編む、sm、k3。編み地を返さず編み目をスライド。
2 DC RSの段：p3、sm、次のマーカーまで模様1を編む、sm、次のマーカーまで模様2を編む、sm、次のマーカーまで模様3を編む、sm、次のマーカーまで模様4を編む、sm、次のマーカーまで模様5を編む、p3。（以下、マーカーを移しながら編み進める。）
3 LC WSの段：p3、模様5、模様4、模様3、模様2、模様1、p3。編み地を返さず編み目をスライド。
4 DC WSの段：k3、模様5、模様4、模様3、模様2、模様1、

k3。
1 LC RSの段〜4 DC WSの段をあと6回くり返す（合計7回 =7模様）。
LCをA色からC色に替え、続けて1 LC RSの段〜4 DC WSの段を7回くり返す（7模様）。

DCをB色からD色に替え、模様の配置を変えてブロックⓑを編み始めます。
模様配置図（P.167）参照

1 LC RSの段：k3、模様5、模様1、模様2、模様3、模様4、k3。編み地を返さず編み目をスライド。
2 DC RSの段：p3、模様5、模様1、模様2、模様3、模様4、p3。
3 LC WSの段：p3、模様4、模様3、模様2、模様1、模様5、p3。編み地を返さず編み目をスライド。
4 DC WSの段：k3、模様4、模様3、模様2、模様1、模様5、k3。

ブロックⓑの1 LC RSの段〜4 DC WSの段をあと6回くり返す（合計7回 =7模様）。
LCをC色からE色に替え、続けて1 LC RSの段〜4 DC WSの段を7回くり返す（7模様）。

模様配置図（P.167）を参照して配色、配置を変えながらブロックⓒ〜ⓔを編み進めます。DCは模様の切り替え時に、LCは模様の途中で28段（7模様）編み終えた時点で替えます。

最後の模様と色を編み終わったら仕上げの段を編みます。

仕上げのLC（K色）RSの段：kで1段編む。編み地を返さず編み目をスライド。

仕上げのDC（J色）RSの段：pで1段編む。

仕上げのLC（K色）WSの段：pで1段編む。編み地を返さず編み目をスライド。

仕上げのDC（J色）WSの段：kで1段編む。

仕上げのLC（K色）RSの段：kで1段編む。

DCでStem Stitch Bind Off（P.21）で止めます。
糸始末をしてお好みの方法でブロッキングしてください。サンプル作品は軽くスチームアイロンをかけました。

模様配置図

ⓔ	1	5	4	3	2
ⓓ	2	1	5	4	3
ⓒ	3	2	1	5	4
ⓑ	4	3	2	1	5
ⓐ	5	4	3	2	1

ⓔ
- LC=K色、DC=J色で28段編む
- LC=I色、DC=J色で28段編む

ⓓ
- LC=I色、DC=H色で28段編む
- LC=G色、DC=H色で28段編む

ⓒ
- LC=G色、DC=F色で28段編む
- LC=E色、DC=F色で28段編む

ⓑ
- LC=E色、DC=D色で28段編む
- LC=C色、DC=D色で28段編む

ⓐ
- LC=C色、DC=B色で28段編む
- LC=A色、DC=B色で28段編む

1 LC RSの段の編み始め

模様1（25目）

2目のくり返し＋1目です。
1 LC RSの段：［k1、sl1yo］を12回くり返し、k1。
2 DC RSの段：［k1、brp1］を12回くり返し、k1。
3 LC WSの段：sl1yo、［k1、sl1yo］を12回くり返す。
4 DC WSの段：brp1、［k1、brp1］を12回くり返す。
1 LC RSの段からくり返す。

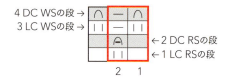

模様2（25目）

2目のくり返し＋1目です。
1 LC RSの段：［k1、sl1wyif］を12回くり返し、k1。
2 DC RSの段：［sl1wyif、k1］を12回くり返し、sl1wyif。
3 LC WSの段：［p1、sl1wyib］を12回くり返し、p1。
4 DC WSの段：［sl1wyib、p1］を12回くり返し、sl1wyib。
1 LC RSの段からくり返す。

模様3（25目）

2目のくり返し＋1目です。
1 LC RSの段：［k1、sl1yo］を段の最後に1目残るまでくり返し、k1。
2 DC RSの段：［k1、brp1］を段の最後に1目残るまでくり返し、k1。
3 LC WSの段：sl1yo、［p1、sl1yo］をくり返す。
4 DC WSの段：brk1、［p1、brk1］をくり返す。
1 LC RSの段からくり返す。

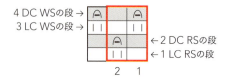

模様4＝ガーター編み（25目）

模様の目数は問いません。
1 LC RSの段：k25。
2 DC RSの段：p25。
3 LC WSの段：p25。
4 DC WSの段：k25。
1 LC RSの段からくり返す。

模様5（25目）

4目のくり返し＋1目です。
1 LC RSの段：［k1、sl1yo］を12回くり返し、k1。
2 DC RSの段：［k1、brp1、k1、brk1］を6回くり返し、k1。
3 LC WSの段：p1、［sl1yo、p1］を12回くり返す。
4 DC WSの段：p1、［brp1、p1、brk1、p1］を6回くり返す。
1 LC RSの段からくり返す。

168

Appendix
応用編

往復編みの編み図を輪編みに変換する

　模様集は全て往復編みを想定しているので、実際に編む場合は表裏を見ながら編み進めます。
　輪にして編む場合は、常に表側を見て編み進めます。この場合、編み図の記号のみを見て編みましょう。編み図の矢印の向きはLCの段、DCの段に関わらず、常に右から左向きになります。
　また、輪に編むと外側が作品の表側になります。裏側を表側として使いたい場合には、完成させてから表裏を返して使ってください。ぜひリバーシブル使いにして活用しましょう。

〈輪に編む場合の注意事項〉
- 段の境目がわかるように、段の最初の目と最後の目の間にマーカーを入れておきましょう。
- 段の境目に筋が入りやすくなるため、手加減を安定させて編みましょう。
- 常に表側を見て編むため、かけ目を落としても気が付きにくいです。ときどき裏側を見て確認しましょう。
- どの段を編んでいるのかわからなくなったら表目、または裏目がまとまっている部分を探して段数を数えましょう。
- 段の終わりで色替えをする際に、糸が交差しないように注意しましょう。LC、またはDCをどのように休ませておくか、（編み地の手前におくか、向こう側におくか）が大事になってきます。例えば、段の最後の目がLCの裏目で、次に数段先でLCの表目を編む場合には、最後の裏目を編んだ後に、次の表目に備えて糸を向こう側に移しておきましょう。もしくは、どの糸も手前、または向こう側にまとめて休ませておきましょう。大事なのは、段の境目の扱い方を終始一貫しておくことです。

52（トリプル・タック・ステッチ、P.85）を輪にして編む

編み方

2の倍数で作り目

準備のDCの段： [k1, sl1yo]をくり返す。
1 LCの段： [k1、sl1^{1}yo]をくり返す。
2 LCの段： [k1、sl1^{2}yo]をくり返す。
3 DCの段： [sl1yo、brp1^3]をくり返す。
4 LCの段： [sl1^{1}yo、k1]をくり返す。
5 LCの段： [sl1^{2}yo、k1]をくり返す。
6 DCの段： [brp1^3、sl1yo]をくり返す。

1 LCの段からくり返す。

編み図

172

2色使いを単色に変換する

　個人的には2色使いのブリオッシュ／引き上げ編みが好きですが、全てのニッターさんがそうであるとは限りません。ここでは、1色で編む方法を紹介します。

　1色の引き上げ編みの場合は、色替えが発生しないため編み目をスライドさせる必要がありません。1段編み終わる度に編み地を返し、表側（RS）と裏側（WS）を交互に編みます。

　編み図を1色に変換させると、矢印の向きは1段ごとに逆になります。また、配色がないため編み図にはグレーの背景色がありません。編み図記号だけを読んで編み進めましょう。2色で編む場合と同様に、裏面を編む場合は編み記号を変換させて編んでください。

21（ダブル・タック・ステッチ、P.52）を1色で編む

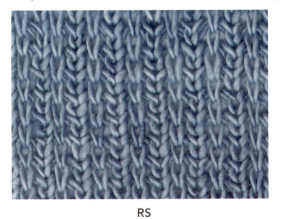
RS

WS

編み方

2の倍数で作り目

1 RSの段：[k1、sl1yo]をくり返す。
2 WSの段：[sl1¹yo、p1]をくり返す。
3 RSの段：[k1、brk1²]をくり返す。
4 WSの段：[sl1yo、p1]をくり返す。
5 RSの段：[k1、sl1¹yo]をくり返す。
6 WSの段：[brp1²、p1]をくり返す。

1 RSの段からくり返す。

編み図

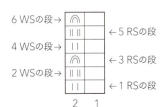

オリジナルの引き上げ模様を作る

模様集では、97の模様編みをご紹介しました。複雑に見える引き上げ模様も以下の要素で構成されています。この要素の組み合わせ方をアレンジして、オリジナルの模様を作ってみましょう。

模様作りは、模様の基本となるモチーフから始まります。このモチーフはシンプルなものから複雑なものまであります。このモチーフのくり返し方、糸の色によって、最終的な模様の出来栄えが左右されます。

他にも、模様集の糸の色を変えたり、目を変えたりするだけでも、新しい引き上げ模様ができます。活用ポイントもぜひ参照して楽しんでください。

模様をコピーしたものを切り取ってパズルのように組み替えても、新しい模様の発見に役立ちます。楽しみながら編んで、遊んでみましょう。

引き上げ模様を構成している要素

- 1目に重ねるかけ目の数
- 最初のsl1yoのすべり目の糸の色（brk、またはbrpした場合すべり目の色が表に出ます）
- すべり目＋かけ目の編み方（brk、またはbrp）
- brk、brpの糸の色
- 引き上げ目の前後の編み目（表目、裏目、その他の模様）
- モチーフのくり返し方
  ブロック式（1模様を横縦どちらもそのままくり返す）
  ブリック式（模様を横方向に交互になるように配置する）
  ハーフドロップ式（模様を横縦両方向にずらして配置する）

活用ポイント

- brpとbrkを入れ替える
- 縦方向の模様のくり返しの間に表目、または裏目だけの段を加える
- 横方向の模様のくり返しの間に表目、または裏目だけの目が縦に並ぶように入れる
- sl1yoの数を増やす
- 模様を組み合わせる（1つの模様の後に別の模様を配置する）
- 1つの模様を3回くり返し、別の模様に替えて3回くり返す
- LCを編む段とDCを編む段の針の号数を替える
- 太めの針でモヘアやシルクを編んでみる
- 太めの糸と細めの糸を使って、太めの糸の針の号数に合わせて編む
- 段染め糸を使う
- 糸の色を入れ替える（DCをLCに、またはその逆）
- 色替えを様々な方法（段数の間隔を変えて、模様の異なる部分で変えて）で試してみる
- 3色の糸で毎段色替えをしながら模様を編む
- 増し目や減目を加える
- 模様の間にガーター編みを縦方向、または横方向に入れてみる

上記以外にも、レース模様やケーブル模様を引き上げ編みと組み合わせてみても面白いでしょう。

モチーフのくり返し方

基本のモチーフ

基本のモチーフを
ブロック式にくり返す
21
（ダブル・タック・ステッチ、P.52）

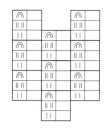

基本のモチーフを
ブリック式にくり返す
29
（ダブル・タック・ステッチ、P.61）

基本のモチーフを
ハーフドロップ式にくり返す
24
（ダブル・タック・ステッチ、P.56）

あとからほどく引き上げ目で編む

引き上げ編みにはこの本でご紹介した方法の他に、下の段に編みいれる方法（あとからほどく引き上げ目）もあります。テンション以外は、どちらの方法で編んでも同じ目になりますが、そのプロセスは大きく異なります。

下の段に針を入れて編む場合、その上にできている編み目を解いてかけ目の状態を作ります。例えば、あとでほどく3段の引き上げ目を編む場合、3段メリヤス編みで編んだ後、4段めで、3段下の目に針を入れて表目を編むことで引き上げ目ができます。

私があとからほどく方法ではなく、sl1yo式（ブリオッシュ編み式）を用いる理由はいくつかあります。

まず、sl1yoを使った方が編み地の構成が分かり、編み目が読みやすいです。下の段に編み入れる場合、編み地の構成がわかりにくく、混乱しやすくなります。

さらに編み目をほどいて、かけ目の状態に整える手間が発生するため面倒に感じることも理由のひとつです。

しかし、いちばんの理由はsl1yoで作った編み地のテンションの方が気に入っているからです。

39（ダブル・タック・ステッチ、P.72）を下の段に編み入れてあとからほどく方法で編む場合

編み方
4の倍数で作り目

準備の1 DC RSの段： kで1段編む。
準備の2 DC WSの段： pで1段編む。

1 LC RSの段： [k3、2段下の目をk1] をくり返す。
2 LC WSの段： pで1段編む。
3 DC RSの段： [k1、2段下の目をk1、k2] をくり返す。
4 DC WSの段： pで1段編む。

1 LC RSの段からくり返す。

1 LC RSの段の4目めの編み方

1 2段下の目（表目）に針を入れます。　**2** 表目を編みます。　**3** 編んだ目の2段上の目は左針から落とします。　**4** 目をほどいてかけ目をした状態にします。

3 DC RSの段の2目めの編み方

1 1 LC RSの段と同様に2段下の目（表目）に針を入れます。　**2** 表目を編みます。　**3** 編んだ目の2段上の目は左針から落とし、目をほどいてかけ目をした状態にします。　**4** 次の目は通常通り編みます。

ナンシー・マーチャント
Nancy Marchant

ニット作家。「Vogue Knitting」「Designer Knitting」「Interweave Knits」等の海外編み物専門誌に執筆。日本の著書には「Leafy ナンシー・マーチャントのブリオッシュ編み」（小社刊）がある。現在はオランダ・アムステルダム在住。グラフィックデザイナーとしても活動中。アメリカ・インディアナ州出身。

アレクサンドラ・フェオ
Alexandra Feo

糸、ニット、編み物、テキスタイル、アクセサリーデザイン、スタイリング、絵画など、その時々の興味分野を取り入れた多方面での創作活動を展開。東京での生活の中でカメラと出会う。現在はアムステルダム在住。ベネズエラ、カラカス出身。

使用糸問い合わせ先

Brooklyn Tweed's
https://www.brooklyntweed.com/

Drops
https://www.garnstudio.com/yarns.php?cid=17

Hedgehog Fibres
https://shop.hedgehogfibres.com/

La Bien Aimée
https://www.labienaimee.com/

Malabrigo
http://malabrigoyarn.com/

Neighborhood Fiber Co.
https://www.neighborhoodfiberco.com/

Phildar Phil
https://www.phildar.fr/

Quince & Co
https://quinceandco.com/

本書の作品は全て、海外の糸を使っています。仕上がり寸法、ゲージ、針の号数などはこれらの糸を使ったものです。実際編まれる場合は本書の情報を参考に編んでください。

表も裏も模様を楽しむ97のパターンとアイディア
TUCK STITCH ナンシー・マーチャントの引き上げ編み

2018年9月17日　発行　　　　　　　　　　　　　NDC 594

著　者　　ナンシー・マーチャント
発行者　　小川雄一
発行所　　株式会社 誠文堂新光社
　　　　　〒113-0033　東京都文京区本郷3-3-11
　　　　　（編集）電話 03-5805-7285
　　　　　（販売）電話 03-5800-5780
　　　　　http://www.seibundo-shinkosha.net/
印刷・製本　図書印刷 株式会社

© 2018, Nancy Marchant.　　　　Printed in Japan　検印省略　禁・無断転載

落丁・乱丁本はお取り替え致します。
本書に掲載された記事の著作権は著者に帰属します。
これらを無断で使用し、展示・販売・レンタル・講習会等を行うことを禁じます。

本書のコピー、スキャン、デジタル化等の無断複製は、著作権法上での例外を除き、禁じられています。本書を代行業者等の第三者に依頼してスキャンやデジタル化することは、たとえ個人や家庭内での利用であっても著作権法上認められません。

JCOPY ＜（社）出版者著作権管理機構 委託出版物＞
本書を無断で複製複写（コピー）することは、著作権法上での例外を除き、禁じられています。本書をコピーされる場合は、そのつど事前に、（社）出版者著作権管理機構（電話 03-3513-6969/FAX 03-3513-6979/e-mail: info@jcopy.or.jp）の許諾を得てください。

ISBN978-4-416-61891-2

---

staff

監修
西村知子

装丁・デザイン
髙橋克治（eats & crafts）

撮影
アレクサンドラ・フェオ　Alexandra Feo
（作品集、模様集の作品）

ナンシー・マーチャント　Nancy Marchant
（模様集の編み地）

鏑木希実子
（P.8〜21、175）

編集
大河原良美

本書は『TUCK STITCHES・Sophistication in Handknitting』（2017年刊）を日本語訳し、増補したものです。

略語一覧

略語	正式名称	意味
4st dec	4-stitch decrease	中上5目一度（4目減らす）
4st inc	4-stitch increase	5目の編み出し増し目（4目増やす。1目に表目、かけ目、表目、かけ目、表目を編む）
brk1	brioche knit 1	前段のすべり目とかけ目を一緒に表目で編む（P.14）
brk1²		前段のすべり目と2つのかけ目を一緒に表目で編む（P.14）
brk1³		前段のすべり目と3つのかけ目を一緒に表目で編む（P.15）
brk1⁴		前段のすべり目と4つのかけ目を一緒に表目で編む（P.15）
brk1⁶		前段のすべり目と6つのかけ目を一緒に表目で編む（P.15）
brk1⁸		前段のすべり目と8つのかけ目を一緒に表目で編む（P.15）
brk2	brioche knit 2	かけ目がかかった2目をそれぞれ、かけ目と一緒に表目で編む（P.16）
brk2³		かけ目が3つかかった2目をそれぞれ、かけ目と一緒に表目で編む（P.16）
brk3	brioche knit 3	かけ目がかかった3目をそれぞれ、かけ目と一緒に表目で編む（P.16）
brk3³		かけ目が3つかかった3目をそれぞれ、かけ目と一緒に表目で編む（P.16）
brp1	brioche purl 1	前段のすべり目とかけ目を一緒に裏目で編む（P.17）
brp1²		前段のすべり目と2つのかけ目を一緒に裏目で編む（P.17）
brp1³		前段のすべり目と3つのかけ目を一緒に裏目で編む（P.18）
brp1⁴		前段のすべり目と4つのかけ目を一緒に裏目で編む（P.18）
brp1⁶		前段のすべり目と6つのかけ目を一緒に裏目で編む（P.18）
brp1⁸		前段のすべり目と8つのかけ目を一緒に裏目で編む（P.18）
brp2	brioche purl 2	かけ目がかかった2目をそれぞれ、かけ目と一緒に裏目で編む（P.19）
brp2³		かけ目が3つかかった2目をそれぞれ、かけ目と一緒に裏目で編む（P.19）
brp3	brioche purl 3	かけ目がかかった3目をそれぞれ、かけ目と一緒に裏目で編む（P.19）
brp3³		かけ目が3つかかった3目をそれぞれ、かけ目と一緒に裏目で編む（P.19）
DC	dark color	暗い方の色の糸
k	knit	表目
kyok	knit, yarn over, knit	3目の編み出し増し目（1目に表目、かけ目、表目を編む）

略語	正式名称	意味
LC	light color	明るい方の色の糸
Lsl dec	left slanting 2-stitch decrease	右上3目一度
p	purl	裏目
pm	place marker	マーカーを付ける
RS	right side	編み地の表面
Rsl dec	right slanting 2-stitch decrease	左上3目一度
sl	slip stitch purlwise	すべり目。裏目を編むように針を入れて編まずに右針に移す
sl1yo	slip 1 yarn over	糸を手前にし、かけ目をしてすべり目をする（P.10-11）
sl1^{1}yo		糸を手前にし、2つめのかけ目をしてすべり目をする（P.12）
sl1^{2}yo		糸を手前にし、3つめのかけ目をしてすべり目をする（P.12）
sl1^{3}yo		糸を手前にし、4つめのかけ目をしてすべり目をする（P.12）
sl1^{4}yo		糸を手前にし、5つめのかけ目をしてすべり目をする（P.12）
sl1^{5}yo		糸を手前にし、6つめのかけ目をしてすべり目をする（P.12）
sl1^{6}yo		糸を手前にし、7つめのかけ目をしてすべり目をする（P.12）
sl1^{7}yo		糸を手前にし、8つめのかけ目をしてすべり目をする（P.12）
sl2yo	slip 2 yarn over	糸を手前にし、2目にかかるようにかけ目をする または、それぞれの目にかけ目をする（P.13）
sl2^{1}yo		糸を手前にし、2目に2つめのかけ目をしてすべり目をする（P.13）
sl2^{2}yo		糸を手前にし、2目に3つめのかけ目をしてすべり目をする（P.13）
sl^{3}yo	slip 3 yarn over	糸を手前にし、3目にかかるようにかけ目をする または、それぞれの目にかけ目をする（P.13）
sl3^{1}yo		糸を手前にし、3目に2つめのかけ目をしてすべり目をする（P.13）
sl3^{2}yo		糸を手前にし、3目に3つめのかけ目をしてすべり目をする（P.13）
sl1wyib	slip stitch purlwise with yarn in back	すべり目。裏目を編むように針を入れて糸を向こう側において目を右針に移す
sl1wyif	slip stitch purlwise with yarn in front	浮き目。裏目を編むように針を入れて糸を手前において目を右針に移す
sm	slip marker	マーカーを移す
WS	wrong side	編み地の裏面
［ ］、〈 〉		くり返しの動作を示す

編み目記号一覧

※引き上げ編みを分かりやすくするために、著者が考案したものをそのまま掲載しています。このため、一般的なJIS記号とは異なるものがあります。

$\square$ = RS では k、WS では p

$\boxminus$ = RS では p、WS では k

$\cap$ = RS では brk1、WS では brp1
= sl1yo

$\cap$ = RS では brp1、WS では brk1
= sl1yo

= RS では brk1^2、WS では brp1^2
= sl1^{1}yo
= sl1yo

= RS では brp1^2、WS では brk1^2
= sl1^{1}yo
= sl1yo

= RS では brk1^3、WS では brp1^3
= sl1^{2}yo
= sl1^{1}yo
= sl1yo

= RS では brp1^3、WS では brk1^3
= sl1^{2}yo
= sl1^{1}yo
= sl1yo

= RS では brk1^4、WS では brp1^4
= sl1^{3}yo
= sl1^{2}yo
= sl1^{1}yo
= sl1yo

= RS では brp1^4、WS では brk1^4
= sl1^{3}yo
= sl1^{2}yo
= sl1^{1}yo
= sl1yo

= RS では brk1^6、WS では brp1^6
= sl1^{5}yo
= sl1^{4}yo
= sl1^{3}yo
= sl1^{2}yo
= sl1^{1}yo
= sl1yo

= RS では brp1^8、WS では brk1^8
= sl1^{7}yo
= sl1^{6}yo
= sl1^{5}yo
= sl1^{4}yo
= sl1^{3}yo
= sl1^{2}yo
= sl1^{1}yo
= sl1yo

= RS では brk2、WS では brp2
= sl2yo

= RS では brp2、WS では brk2
= sl2yo

= RS では brk2^3、WS では brp2^3
= sl2^{2}yo
= sl2^{1}yo
= sl2yo

= RS では brp2^3、WS では brk2^3
= sl2^{2}yo
= sl2^{1}yo
= sl2yo

$\boxed{V}$ = sl

$\boxed{\curlywedge}$ = Rsl dec

$\boxed{\curlywedge}$ = Lsl dec

$\boxed{\triangle}$ = 4st dec

= RS では brp3^3、WS では brk3^3
= sl3^{2}yo
= sl3^{1}yo
= sl3yo

$\boxed{ | ^o | }$ = kyok

$\boxed{ | ^o | ^o | }$ = 4st inc